MBA
VISUAL

JASON BARRON

MBA VISUAL

Dois anos de formação em negócios resumidos em imagens e textos brilhantes

SEXTANTE

Título original: *The Visual MBA*
Copyright © 2019 por Jason Barron
Copyright da tradução © 2021 por GMT Editores Ltda.
Publicado mediante acordo com
Hougton Mifflin Harcourt Publishing Company.

Todos os direitos reservados. Nenhuma parte deste livro
pode ser utilizada ou reproduzida sob quaisquer meios existentes
sem autorização por escrito dos editores.

tradução: Camila Werner
preparo de originais: Sheila Til
revisão técnica: Mariana Amaro
revisão: Fernanda Machtyngier e Luis Américo Costa
diagramação: Ana Paula Daudt Brandão
adaptação de capa: Natali Nabekura
imagens de capa e miolo: Jason Barron
impressão e acabamento: Lis Gráfica e Editora Ltda.

CIP-BRASIL. CATALOGAÇÃO NA PUBLICAÇÃO
SINDICATO NACIONAL DOS EDITORES DE LIVROS, RJ

B272m

Barron, Jason

MBA visual / [texto e ilustração] Jason Barron ; [tradução Camila Werner]. - 1. ed. - Rio de Janeiro : Sextante, 2021.

208 p. : il. ; 23 cm.

Tradução de: The visual MBA
Inclui bibliografia
ISBN 978-65-5564-175-2

1. Administração. 2. Ensino superior. I. Werner, Camila. II. Título.

21-70772

CDD: 658
CDU: 658

Camila Donis Hartmann - Bibliotecária - CRB-7/6472

Todos os direitos reservados, no Brasil, por
GMT Editores Ltda.
Rua Voluntários da Pátria, 45 – Gr. 1.404 – Botafogo
22270-000 – Rio de Janeiro – RJ
Tel.: (21) 2538-4100 – Fax: (21) 2286-9244
E-mail: atendimento@sextante.com.br
www.sextante.com.br

Para Jackie, Josh, James, Jonah, Josie e Junie
(Meu mundo inteiro)

Sumário

PREFÁCIO • 9

NOTA DO AUTOR • 11

CAPÍTULO UM
Liderança • 13

CAPÍTULO DOIS
Relatórios financeiros • 23

CAPÍTULO TRÊS
Administração empreendedora • 35

CAPÍTULO QUATRO
Contabilidade gerencial • 45

CAPÍTULO CINCO
Finanças empresariais • 51

CAPÍTULO SEIS
Marketing • 57

CAPÍTULO SETE
Gestão operacional • 67

CAPÍTULO OITO
Gestão estratégica de recursos humanos • 73

CAPÍTULO NOVE
Negociações comerciais • 81

CAPÍTULO DEZ
Estratégia • 89

CAPÍTULO ONZE
Ética empresarial • 101

CAPÍTULO DOZE
Finanças empreendedoras • 107

CAPÍTULO TREZE
Julgamento e tomada de decisão • 121

CAPÍTULO CATORZE
O papel do gerente • 131

CAPÍTULO QUINZE
Pensamento estratégico • 145

CAPÍTULO DEZESSEIS
Criatividade e inovação • 153

CAPÍTULO DEZESSETE
Fundamentos de marketing para startups • 165

CAPÍTULO DEZOITO
Desempenho e incentivos • 181

CAPÍTULO DEZENOVE
Gestão global • 189

CAPÍTULO VINTE
Juntando tudo • 195

PARA TERMINAR • 200

REFERÊNCIAS • 201

AGRADECIMENTOS • 206

SOBRE O AUTOR • 207

Prefácio

Este livro representa dois longos anos de MBA transformados em um belo volume com muitas ilustrações.

Especialistas dizem que 60% das pessoas aprendem por meio de imagens. E – vamos admitir – 100% das pessoas não querem ler coisas chatas. Com este guia você pode entender mais rápido, absorver melhor e recordar de forma ágil as ideias mais importantes e úteis que aprenderia ao cursar um MBA.

Uma breve palavra sobre as ilustrações que você encontrará aqui. Anos atrás, Mike Rohde inventou o termo *sketchnotes* (anotações com desenhos), e sou fã disso desde então. Em vez de escrever longas frases que ninguém (incluindo eu mesmo) leria de novo, passei a simplesmente capturar os pontos principais de maneira visual, criando um recurso muito mais interessante e vantajoso para uso posterior. Como se costuma dizer, "uma imagem vale por mil palavras".

Quando comecei meu MBA, tomei a decisão maluca de tentar fazer essas "anotações gráficas" ao longo de todo o curso. E algo inesperado aconteceu: em uma classe cheia de pessoas brilhantes (todas mais inteligentes do que eu), fui surpreendido pelo interesse que elas demonstravam por minhas notas à medida que eu avançava.

O que você tem nas mãos agora é o produto final de todos os esboços que fiz enquanto frequentava a Marriott School of Business, da Brigham Young University. Não importa se você nunca fez nem pretende fazer um MBA, se já se formou ou está estudando: criei este livro para você. Cada capítulo é baseado em aulas de administração tradicionais e está cheio de conceitos que são acompanhados de textos para auxiliar a compreensão.

Fique à vontade para passar os olhos, pular páginas ou mergulhar no conteúdo do jeito que quiser. As únicas regras são divertir-se, ser curioso e fazer as próprias descobertas. Você ficará satisfeito por ter escolhido ler este livro.

Agora sente-se, relaxe e desfrute de todo o conhecimento que seu cérebro (genial) vai absorver.

Nota do autor

Você é esperto mesmo. Eu acabei de passar por 86 dias de aula, frequentar 516 horas de várias disciplinas, fazer pilhas de trabalhos de casa e torrar dezenas de milhares de dólares em mensalidades. Já você, com este livro, pode tirar proveito de tudo isso por uma fração do custo e no conforto do lar. Sábia decisão.

Meu nome é Jason Barron e sou designer. Sempre fiz desenhos e rabiscos, às vezes quando não deveria – como durante as aulas, na infância. Vinte anos depois, pouca coisa mudou. A diferença é que, ao receber o diploma de uma das quarenta melhores escolas de negócios dos Estados Unidos, da Brigham Young University, decidi colocar a meu serviço esse hábito de rabiscar toda hora.

A cada aula eu esboçava em imagens o que o professor dizia, assim como pensamentos-chave que eu tinha enquanto ele lecionava ou durante minhas leituras obrigatórias. Eu capturava a essência do que estava sendo ensinado e então transformava lições complexas em conceitos simples.

O resultado final é esta obra, que vale mais do que um bilhete de loteria premiado. É uma galinha dos ovos de ouro a cada página. Poupe inúmeras horas e divirta-se lendo este livro rápido e memorável. (Você vai adorar! Mas, se não gostar, sempre pode dar de presente a alguém!)

Está pronto para ficar mais inteligente? (Se é que isso é possível, porque você já é um gênio.)

Vamos lá!

CAPÍTULO UM
LIDERANÇA

Liderar é mais do que gerenciar. Tem a ver com inspirar mudanças e incrementar resultados por meio de quem você é e de como motiva os outros.

Estratégia
Criar a visão e o posicionamento futuros da empresa para que o sucesso seja contínuo.

Execução
Construir sistemas organizacionais que deem resultados baseados na estratégia.

Gestão de talentos
Motivar, engajar e comunicar-se com a equipe.

Desenvolvimento de talentos
Preparar funcionários para assumir a liderança no futuro.

Habilidades pessoais
Agir com integridade, exercitar as inteligências social e emocional, tomar decisões arriscadas e inspirar confiança.

QUAL É A MARCA DA SUA LIDERANÇA?

O que as pessoas pensam e sentem a seu respeito? Essa é a sua marca.

5 PASSOS
para construir uma marca que
DÊ RESULTADO

1) Delimite os resultados a alcançar nos próximos 12 meses
Não se esqueça de levar em conta os interesses de clientes, investidores e funcionários e da organização como um todo.

2) Decida-se pelo que você quer ser conhecido
De acordo com seus resultados, como você quer ser percebido? Escolha seis características pelas quais você quer ser notado. Por exemplo: humilde, otimista, dedicado, etc.

3) Combine para definir
Combine suas seis características em três grupos. Por exemplo: um humilde otimista, um altruísta dedicado, etc.

4) Crie um slogan para a marca da sua liderança e teste-o
Quero ser conhecido como [os três grupos de palavras], para que eu possa contribuir com _____. Então se pergunte: "Isso me representa de forma fiel?", "Isso cria valor para os envolvidos no processo?", "Existe algum risco?".

5) Transforme em realidade
Compartilhe sua marca com os outros e pergunte se eles acham que ela se alinha com a maneira como você se comporta. Faça ajustes. Acima de tudo, tenha em mente que sua marca é uma promessa – então a transforme em realidade e realmente entregue o que prometeu.

 A PRIMEIRA IMPRESSÃO ACONTECE EM **SEGUNDOS**

① Planeje sua ATITUDE

② Corrija sua POSTURA

③ SORRIA

④ Faça CONTATO VISUAL

⑤ Levante as SOBRANCELHAS

⑥ CUMPRIMENTE com um aperto de mãos

⑦ INCLINE O CORPO na direção do outro

Motive seus funcionários promovendo autonomia, excelência e propósito. Dê liberdade para que sejam criativos e bons no que fazem e para que tenham um propósito por trás do trabalho.

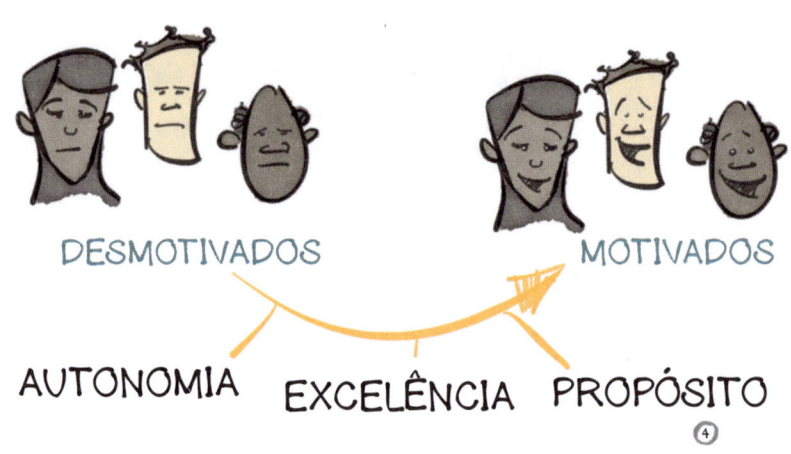

Se você quer ser feliz no trabalho, precisa atingir o ponto ideal. Para isso, é necessário equilibrar competência (ser muito bom em algo), paixão (preciso explicar?) e oportunidade (há demanda para isso).

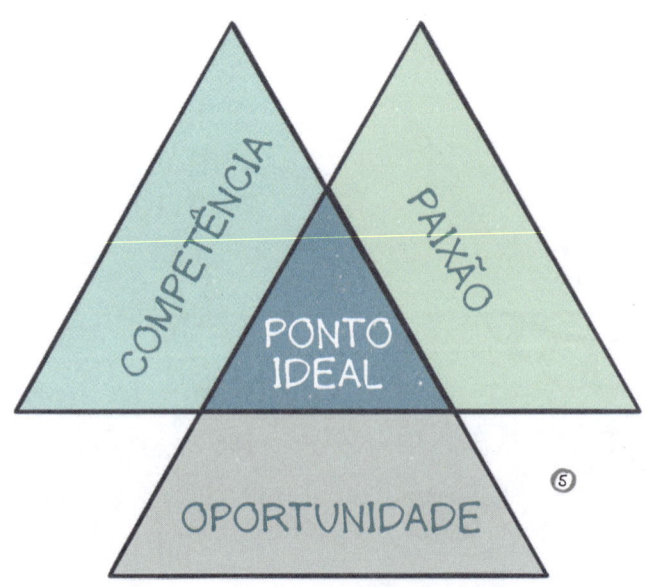

QUAL É A "CARA" DO LUGAR? 6

Apesar de ser difícil fazer as pessoas mudarem, nada as transforma mais depressa do que uma mudança de ambiente. O ambiente molda a cultura.

Olhe ao redor. Qual é a "cara" do lugar em que elas trabalham? É sufocante? Preza apenas a obediência? É silencioso demais? Tem cubículos que isolam as pessoas? Parece um cemitério? Essa é a cultura da sua empresa. Altere isso e as pessoas serão transformadas junto.

Um pouco de pressão ajuda a melhorar o desempenho, mas, depois de certo ponto, ele atrapalha. Lembre-se de que fazer pausas, exercitar-se e relaxar ajudam a manter o bom desempenho.

COMO É O AMBIENTE?
COMO É O CLIMA?

O item **CONTEXTO** está ligado ao sistema de recompensas, às metas, à cultura, ao clima e ao ambiente no qual a equipe vai trabalhar.

HABILIDADES E PERSONALIDADES

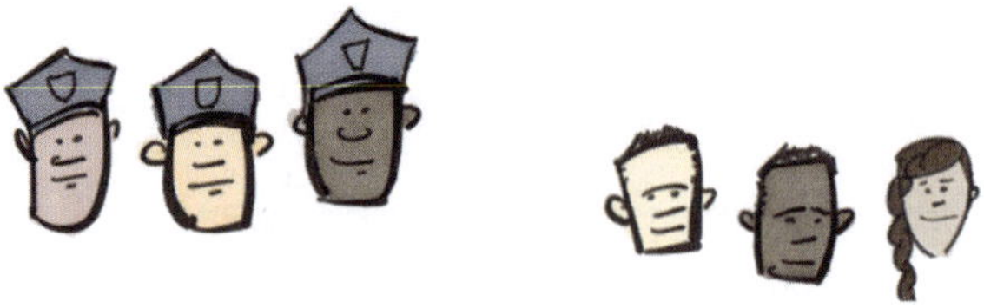

O item **COMPOSIÇÃO** tem a ver com quem está na equipe e suas habilidades e personalidades para dar conta do trabalho. É essencial contratar pessoas que se entrosem com o restante da equipe.

③ COMPETÊNCIAS
DETERMINAR METAS E ALCANÇÁ-LAS

O item **COMPETÊNCIAS** diz respeito a formar uma equipe em que os talentos individuais consigam se combinar para resolver problemas. Significa determinar a meta correta e alavancar as habilidades do grupo para alcançá-la.

④ CAPACIDADE DE MUDANÇA
ADAPTAÇÃO

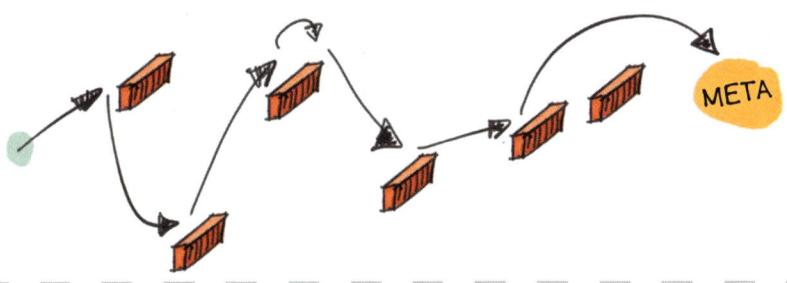

O item **CAPACIDADE DE MUDANÇA** está ligado à habilidade da equipe de se adaptar a circunstâncias que mudam rapidamente enquanto trabalha para alcançar a meta.

CAPÍTULO DOIS
RELATÓRIOS FINANCEIROS

A contabilidade é a linguagem do mundo dos negócios. Se você não mantiver controle sobre como as coisas vão na sua empresa, não saberá como melhorá-las. Tudo neste livro tem a ver com os três relatórios financeiros a seguir:

Você é o novo CEO... de uma barraquinha de limonada. Você precisa de um empréstimo de R$ 50,00 (passivo) para comprar alguns ativos. Você compra uma banquinha por R$ 20,00 e sobram R$ 30,00.

FOTOGRAFIA DO QUE A COMPANHIA TEM
E DO QUE DEVE EM UMA DETERMINADA DATA:

OK. Então em um determinado período você tem ativos, passivos e patrimônio líquido. O segredo é: Ativos = Passivos + Patrimônio Líquido. É o que chamamos de "equação contábil básica". Seu empréstimo foi de R$ 50,00 (passivo), você o usou para comprar uma banquinha por R$ 20,00 (ativo) e tem R$ 30,00 em dinheiro (ativo). Você tem uma dívida de R$ 50,00 (passivo) e R$ 50,00 em ativos. A = P + PL.

BUM! Você acabou de vender R$ 90,00 em limonada. Muito bem, agora seu balanço patrimonial está assim:

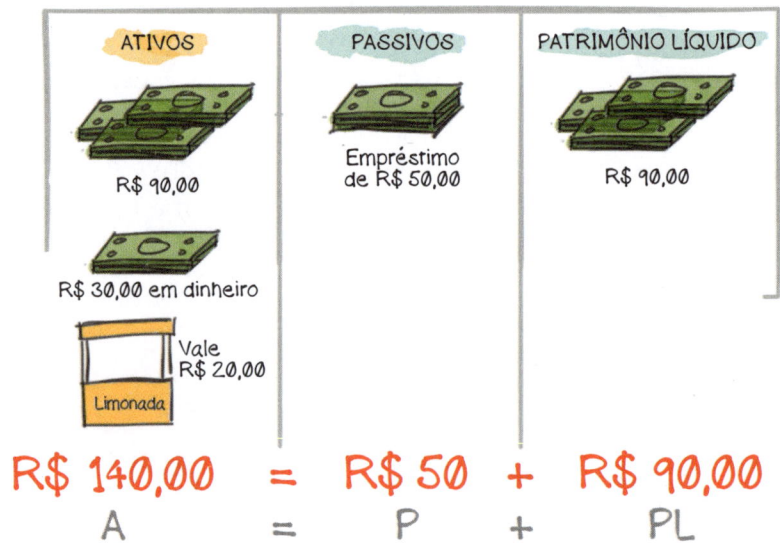

Um balanço é um retrato da situação em um período determinado e é um bom indicador do valor líquido do seu negócio. Agora vamos ver nossa demonstração do resultado do exercício.

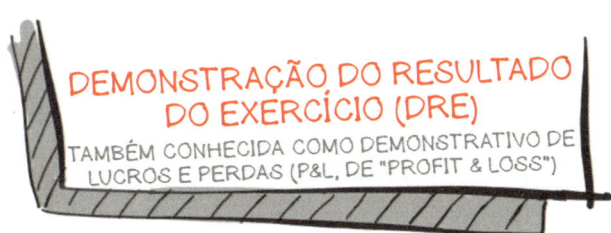

DEMONSTRAÇÃO DO RESULTADO DO EXERCÍCIO (DRE)
TAMBÉM CONHECIDA COMO DEMONSTRATIVO DE LUCROS E PERDAS (P&L, DE "PROFIT & LOSS")

(Vendas)
RECEITA − DESPESAS = LUCRO LÍQUIDO

RECEITA

VENDAS	R$ 90,00
CUSTO DOS PRODUTOS VENDIDOS (CPV)	R$ 20,00
LUCRO BRUTO	R$ 70,00
	R$ 70,00 ÷ R$ 90,00 = 77% (margem de lucro bruto)

DESPESAS OPERACIONAIS

DESPESAS GERAIS	R$ 3,00
LUCRO OPERACIONAL (Também conhecido como EBIT)	R$ 67,00
	R$ 67,00 ÷ R$ 90,00 = 74% (margem de lucro operacional)

DESPESAS REMANESCENTES

IMPOSTOS	R$ 2,00
TAXAS	R$ 1,00
LUCRO LÍQUIDO	R$ 64,00
	R$ 64,00 ÷ R$ 90,00 = 71% (margem de lucro líquido)

Você vendeu R$ 90,00, mas os copos, o açúcar e os limões custaram R$ 20,00. Então seu lucro bruto foi de R$ 70,00. Você também teve que gastar com algumas despesas gerais. Isso deixou R$ 67,00 de lucro operacional (também conhecido como EBIT, do inglês "Earnings Before Interest and Taxes", ou, na sua versão em português, "lucro antes de juros e imposto de renda", LAJIR). Desse valor você precisa ainda subtrair os impostos e as taxas, o que lhe dá um lucro líquido de R$ 64,00.

DEMONSTRAÇÃO DE FLUXO DE CAIXA

Receitas

Pagamentos

ELES PODEM SER TANTO

① ATIVIDADES OPERACIONAIS — SALDO FINAL É O RESULTADO DO FLUXO DE CAIXA
+ VENDA DE BENS
− COMPRAS DE ESTOQUE
− SALÁRIOS
− ETC.

② INVESTIMENTOS
+ VENDA DE ATIVOS
− COMPRA DE ATIVOS

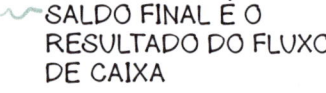

DINHEIRO É UM ATIVO IMPRODUTIVO

③ ATIVIDADES FINANCEIRAS
+ EMISSÃO DE AÇÕES
+ EMPRÉSTIMOS
− PAGAMENTO DE EMPRÉSTIMOS

USE-O!
PARA COMPRAR ATIVOS

OS PLANOS SEMPRE SURGEM DURANTE UMA CRISE, MAS É PRECISO TÊ-LOS ANTES

META → PLANO → AVALIAÇÃO → AJUSTE

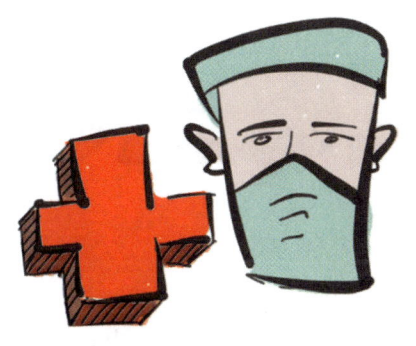

DIAGNOSTIQUE ou COMPARE

Os relatórios financeiros são uma ótima forma de descobrir como as coisas vão ao longo do tempo ou de comparar uma empresa com outra do mesmo setor. Basta dividir tudo pelas vendas para encontrar as diferenças.

	ANO 2		ANO 1	
RECEITA				
VENDAS	R$ 90,00	100%	R$ 60,00	100%
CPV	R$ 20,00	(22%)	R$ 30,00	(50%)
LUCRO BRUTO	R$ 70,00	77%	R$ 30,00	50%
DESPESAS OPERACIONAIS				
DESPESAS GERAIS	R$ 3,00	(3%)	R$ 2,00	(3%)
LUCRO OPERACIONAL	R$ 67,00	74%	R$ 28,00	47%
DESPESAS REMANESCENTES				
IMPOSTOS	R$ 2,00	(2%)	R$ 1,00	(2%)
TAXAS	R$ 1,00	(1%)	R$ 1,00	(2%)
LUCRO LÍQUIDO	R$ 64,00	71%	R$ 26,00	43%

PROJEÇÃO

Esse termo é um jeito de dizer "como pode vir a ser no futuro". Trata-se de uma previsão baseada no crescimento das vendas. Olhe para o seu relatório financeiro e veja que itens nele dependem das vendas. No exemplo dado, digamos que tanto o CUSTO DOS PRODUTOS VENDIDOS (CPV) quanto as DESPESAS GERAIS aumentem com as vendas.

Se as vendas aumentassem em 20%, qual seria o lucro líquido? Veja na página anterior que o CPV era de 22% das vendas e que as suas despesas gerais eram de 3%. Depois de aumentarmos R$ 90,00 em 20% (o que dá R$ 108,00), você poderá calcular quanto são 22% e 3% (CPV e despesas gerais, respectivamente) de R$ 108,00.

RECEITA

		PROJEÇÃO
VENDAS	R$ 90,00	R$ 108,00
CUSTO DOS PRODUTOS VENDIDOS	R$ 20,00	R$ 23,76
LUCRO BRUTO	R$ 70,00	R$ 84,24

DESPESAS OPERACIONAIS

DESPESAS GERAIS	R$ 3,00	R$ 3,24
LUCRO OPERACIONAL	R$ 67,00	R$ 81,00

DESPESAS REMANESCENTES

IMPOSTOS	R$ 2,00	R$ 2,00
TAXAS	R$ 1,00	R$ 1,00
LUCRO LÍQUIDO	R$ 64,00	R$ 78,00

INDICADORES FINANCEIROS

Usar indicadores financeiros é uma ótima forma de medir o desempenho da companhia ao longo do tempo, diagnosticar problemas ou ver como uma empresa se sai em comparação com outras similares. Aqui estão alguns dos mais comuns deles.

Dívida sobre o patrimônio líquido
Alavancagem financeira: quanta dívida é usada para financiar seus bens.

$$\text{Total de passivos} \div \text{Patrimônio líquido}$$

Índice de liquidez corrente
Liquidez: a capacidade da empresa de pagar dívidas de curto prazo. Quanto mais alto o índice, maior a capacidade.

$$\text{Ativo circulante} \div \text{Passivo circulante}$$

Retorno sobre o Patrimônio Líquido (ROE, de "Return on Equity")
Lucro gerado com o dinheiro investido pelos acionistas.

$$\text{Lucro líquido} \div \text{Patrimônio líquido}$$
$$(\%)$$

Margem de lucro líquido
Eficiência no controle de custos para converter receita em lucro. Quanto maior o número, melhor.

$$\text{Lucro líquido} \div \text{Receita líquida}$$

SISTEMA DUPONT

Essa é uma combinação de equações que mostram as forças e as fraquezas da empresa e como elas afetam o retorno sobre o patrimônio líquido.

$$ROE \text{ [RETORNO SOBRE O PATRIMÔNIO LÍQUIDO]} = \frac{\text{Lucro líquido}}{\text{Vendas}} \times \frac{\text{Vendas}}{\text{Ativos}} \times \frac{\text{Ativos}}{\text{Patrimônio líquido}}$$

Como as cotas funcionam

Quando você abriu a barraquinha de limonada, estabeleceu que haveria **100 cotas** para ela. Você encontrou um sócio e agora cada um de vocês possui 20 cotas. Do ponto de vista do negócio, cada um é dono de 20% dele. Considerando que a empresa agora valha R$ 204,00, quanto vale cada cota?

Valor da empresa: R$ 204,00 (R$ 64,00 de receita líquida + R$ 140,00 em ativos)
R$ 204,00 ÷ 100 (cotas) = R$ 2,04 por cota

Cada um tem
   20 x R$ 2,04 = R$ 40,80

CAPÍTULO TRÊS
ADMINISTRAÇÃO EMPREENDEDORA

A administração empreendedora diz respeito a resolver problemas desconhecidos (dores) usando soluções inexploradas (inovação). O segredo para resolver a incerteza é identificar a dor, e o segredo para encontrar a solução correta é experimentar.

Experimente. Comece pelo que você sabe. Então, pense no que lhe é desconhecido (dúvida ou hipótese). Planeje a experimentação, coloque-a em prática, aprenda e repita o ciclo quantas vezes for preciso até chegar a um bom produto.

```
        VIÁVEL              PRATICÁVEL
     TEREMOS LUCRO?    CONSEGUIREMOS EXECUTAR?

           AS PESSOAS QUEREM ISSO?
                 DESEJÁVEL                    ①
```

Sua ideia precisa ser desejável, praticável e viável. Se faltar algum desses elementos, seu produto estará limitado desde o começo.

DOR. O ingrediente essencial para a inovação. Procure por soluções improvisadas que as pessoas criaram na falta do produto. Quanto maior a dor, maior a oportunidade.

DOR DO CLIENTE

QUAISQUER PROBLEMAS OU NECESSIDADES NÃO ATENDIDOS QUE LEVEM O CLIENTE A GASTAR TEMPO OU DINHEIRO TENTANDO SOLUCIONAR.

SEMPRE PROCURE PELA DOR MAIS PROFUNDA

Para que um produto seja amplamente adotado, é preciso que ofereça equilíbrio entre preço, benefício, facilidade de uso e facilidade de compra. Quando todas essas áreas estão bem resolvidas, a porcentagem de adoção de um produto é bem maior.

ESCALA DE ADOÇÃO ②

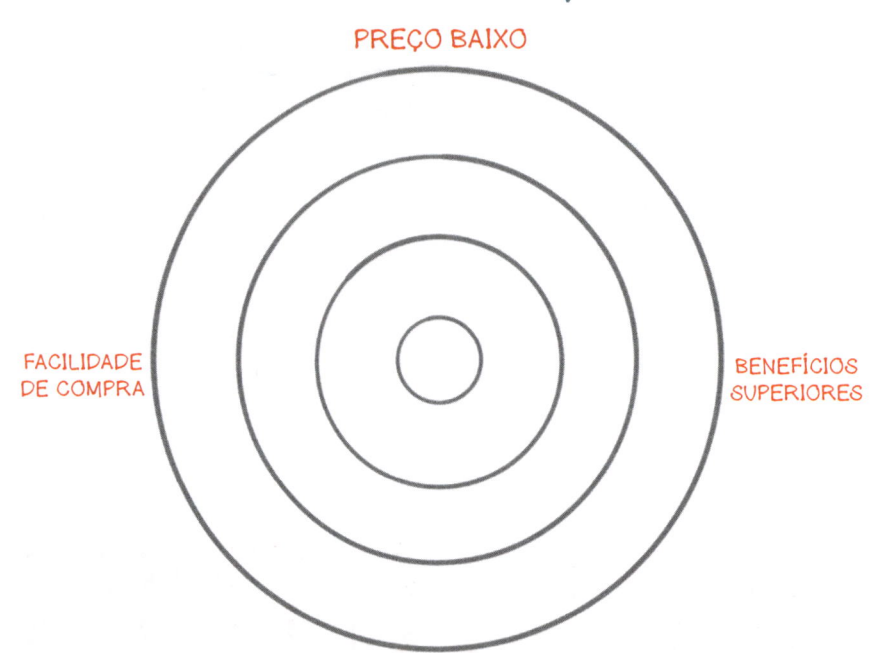

- PREÇO BAIXO
- FACILIDADE DE COMPRA
- BENEFÍCIOS SUPERIORES
- FACILIDADE DE USO

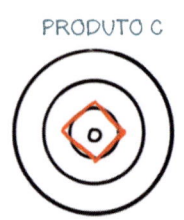

PRODUTO A PRODUTO B PRODUTO C

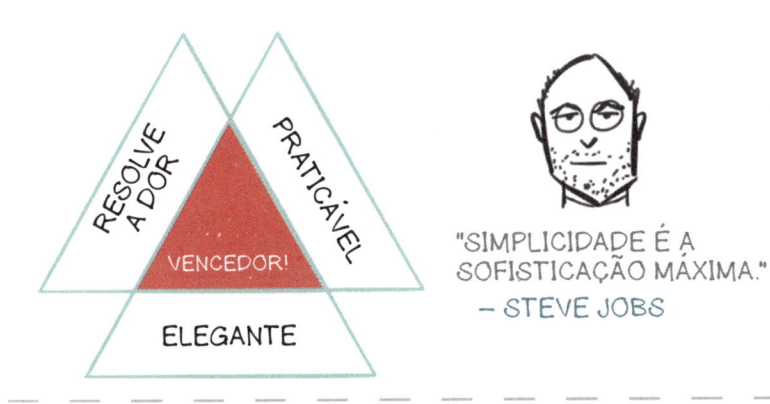

"SIMPLICIDADE É A SOFISTICAÇÃO MÁXIMA."
— STEVE JOBS

"Quando você olha para um problema e ele parece bem simples, com diversas soluções banais, você na verdade não entendeu a complexidade dele (...) Aí você entra em contato com o problema e percebe que ele é de fato complicado. Então imagina várias soluções complicadas (...) É aí que a maioria das pessoas para (...) Mas a pessoa realmente especial vai adiante e encontra a chave. O princípio fundamental do problema. E pensa em uma solução bonita, elegante e que funciona." – Steve Jobs (citado por Steven Levy em *The Perfect Thing*). ③

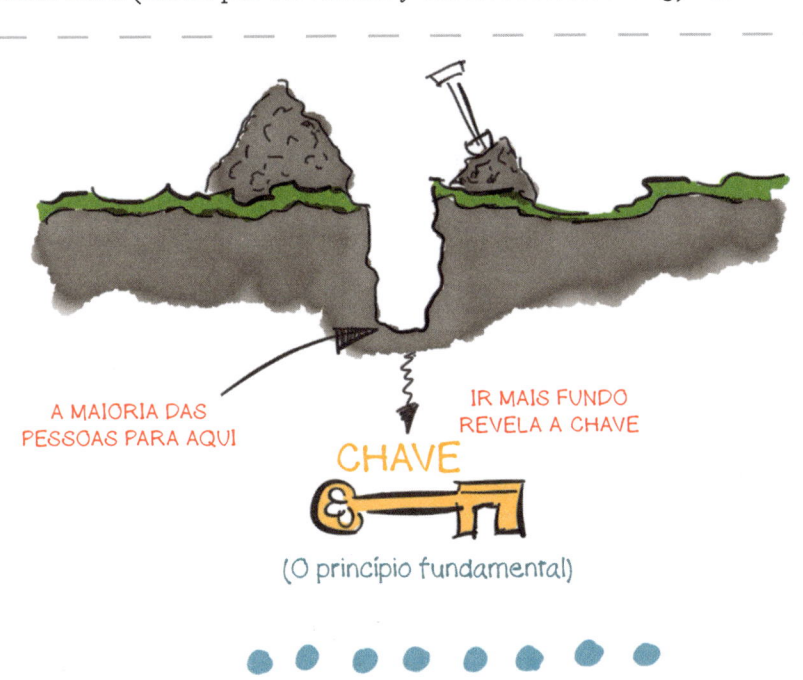

A MAIORIA DAS PESSOAS PARA AQUI

IR MAIS FUNDO REVELA A CHAVE

CHAVE

(O princípio fundamental)

Uma solução simples para o problema principal é a

ELEGÂNCIA

NÃO VALE A PENA RESOLVER TODAS AS DORES

**GASTE SUA ENERGIA NO QUE FOR
MAIS RENTÁVEL
(AS MAIORES MONTANHAS)**

Às vezes você pode ter uma ótima ideia para criar algo que não será muito rentável nem resolverá uma grande dor. Encontre dores não resolvidas que também sejam rentáveis.

MAPEIE SEU MODELO DE RECEITA

ATIVIDADE → RECEITA

Ao mapear sua receita, você pode maximizá-la. Identifique de quais atividades e clientes ela provém. Também procure reduzir os pontos de atrito quanto ao recebimento de receita.

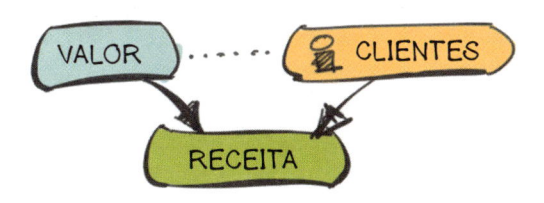

VALOR ····· CLIENTES
RECEITA

$ **PRECIFICAÇÃO** $

A precificação é um dos aspectos mais críticos na hora de criar um produto novo. Quando você coloca um preço muito baixo, deixa de ganhar dinheiro. Quando põe um preço alto demais, perde clientes. O truque é encontrar formas para definir o preço certo. Uma das melhores maneiras de descobri-lo é fazendo pesquisas junto aos clientes.

PERGUNTE: QUANTO VOCÊ ESTARIA DISPOSTO A PAGAR POR ISTO?

QUANTAS VEZES POR (MÊS, ANO) VOCÊ PAGARIA X?

R$ 2,00	R$ 5,00	R$ 10,00
10	6	1
R$ 20,00	R$ 30,00	R$ 10,00

VENCEDOR!
PREÇO: R$ 5,00

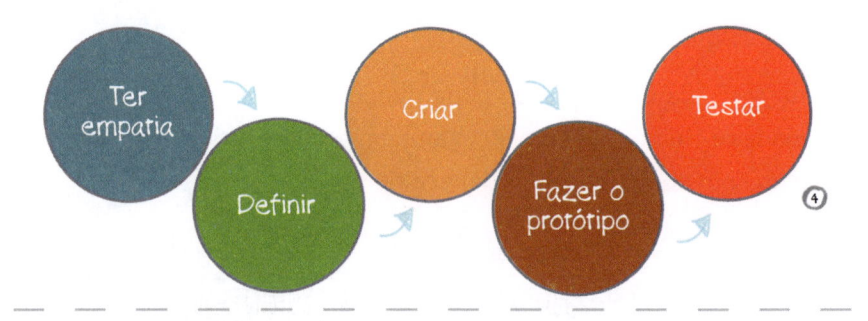

O Instituto de Design de Stanford (d.school) criou esse incrível processo para inovações. É um jeito rápido de descobrir inovações e validá-las.

Quando Walt Disney estava construindo seus parques temáticos, ele se ajoelhava para ver o parque a partir da perspectiva da criança. A empatia é o primeiro passo crucial para entender o mundo do seu cliente e construir produtos ou experiências que atendam às necessidades dele.

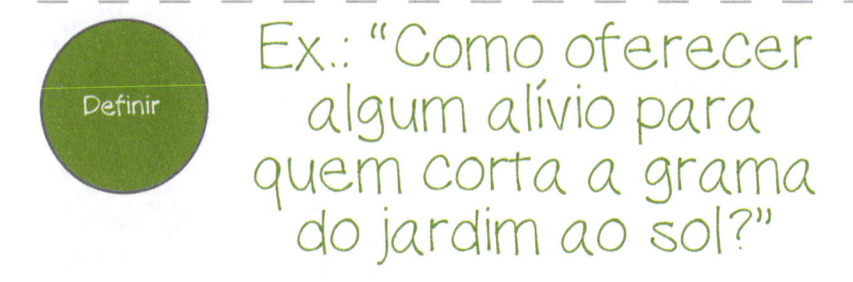

Ex.: "Como oferecer algum alívio para quem corta a grama do jardim ao sol?"

Com base no que descobriu por meio da empatia, em qual problema você vai focar? Crie uma frase que descreva o problema e leve você a agir.

Criar

Tendo em mente o que você descobriu com o problema, comece a ter ideias. Quanto mais, melhor.

Fazer o protótipo

Filtre suas ideias e construa um protótipo do que parecer melhor. Não importa se esse modelo for feito de fita crepe e papel: o protótipo só serve para validar sua ideia e testá-la com as pessoas. Ele não precisa ser chique.

Testar

Encontre pessoas que se encaixem no seu público-alvo e teste o protótipo. O que deu certo? O que não deu certo? O que você aprendeu? Pegue esse aprendizado e volte a Criar -> Fazer o protótipo -> Testar.

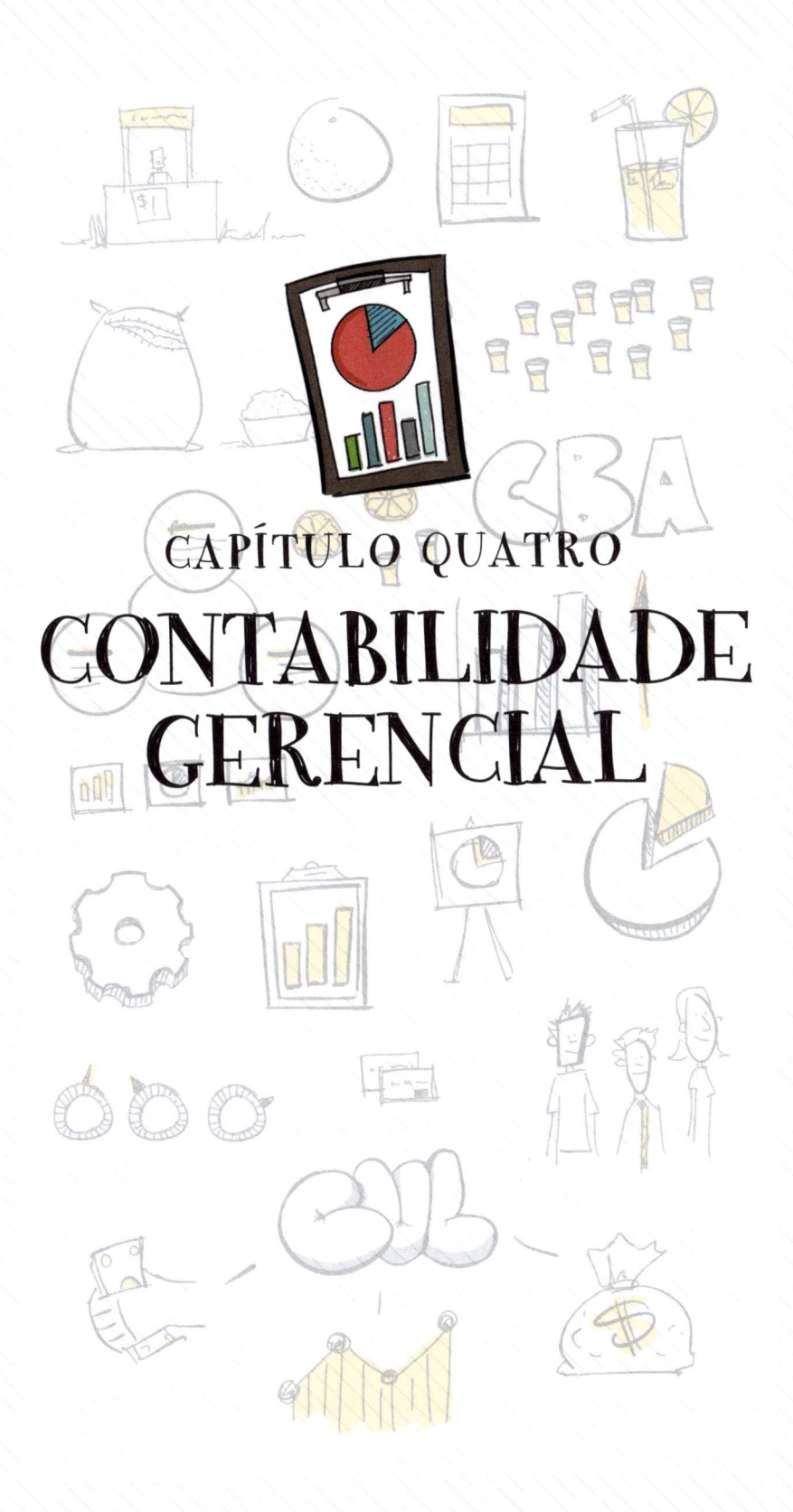

CAPÍTULO QUATRO
CONTABILIDADE GERENCIAL

A contabilidade gerencial é para uso interno, para que se tomem decisões bem embasadas. É diferente da contabilidade corporativa, que é para uso externo (investidores, etc.).

2 TIPOS DE CUSTO

Fixos
Continuam iguais com o crescimento da produção
ex.: Aluguel
R$ 10,00

Variáveis
Mudam de acordo com o nível de produção
ex.: Açúcar e limão
Só porque você está vendendo mais
R$ 0,75 por copo

Você deve contabilizar os custos fixos e os variáveis em separado, nunca juntá-los, pois são fundamentalmente diferentes. Os R$ 10,00 de aluguel são fixos. Porém, quanto mais limonada você vender, mais os custos (e os lucros) crescerão.

CVL
Custo   Volume   Lucro

Análise custo-volume-lucro (CVL) é um nome chique para uma coisa simples. Você pega o preço de venda, subtrai o custo unitário e então multiplica pelo volume previsto de vendas. Isso ajuda a compreender como as mudanças nos custos irão afetar a operação e a receita líquida.

Receita − Custos = Margem de contribuição
(Vendas)

"Margem de contribuição" também parece algo chique, mas se trata apenas do que sobra por unidade, depois de subtrair os custos, que "contribui" para pagar seu custo fixo (no caso, a barraquinha de limonada).

No exemplo, vendemos nossa limonada por R$ 1,00. O açúcar e o limão custam R$ 0,75 por copo. Então temos um lucro de R$ 0,25 que pode "contribuir" para o pagamento dos R$ 10,00 de nosso custo fixo de aluguel.

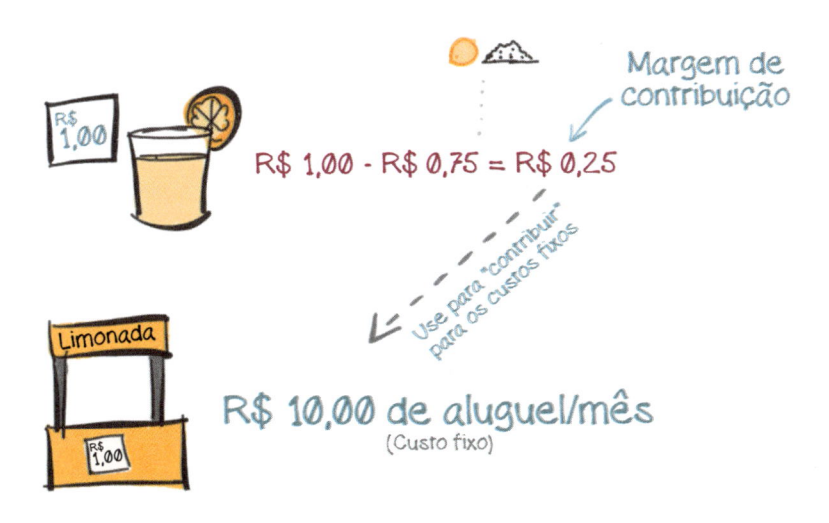

R$ 1,00 − R$ 0,75 = R$ 0,25 → Margem de contribuição

Use para "contribuir" para os custos fixos

R$ 10,00 de aluguel/mês
(Custo fixo)

Agora a coisa fica divertida. Você está planejando seu negócio e pensa: "Nossa! Pago R$ 10,00 de aluguel, vendo minha limonada por R$ 1,00 e tenho R$ 0,25 de lucro. Quantos copos preciso vender para cobrir o aluguel?"

R$ 10,00 ÷ (R$ 1,00 − R$ 0,75) = 40 copos precisam ser vendidos para chegar ao ponto de equilíbrio (break even)

Legal! Agora você está pegando o jeito. Se você vender R$ 160,00 em limonada, seu custo variável (custo unitário multiplicado pelo número de vendas) seria R$ 120,00 (R$ 0,75 x 160). Do valor restante (lucro de R$ 40,00), subtraia o seu custo fixo (R$ 10,00) e você acabou de ter R$ 30,00 de lucro. É assim que se faz!

HOJE VENDI 160 COPOS!

(R$ 160,00 − R$ 120,00) − R$ 10,00 = R$ 30,00 de lucro

160 x R$ 1,00   160 x R$ 0,75   Custo fixo

METAS

Quero ter R$ 1.000,00 de lucro por mês.

$$\frac{\text{Custo fixo} + \text{Meta}}{\text{Margem de contribuição}}$$

$$\frac{R\$\ 10{,}00 + R\$\ 1.000{,}00}{R\$\ 0{,}25} = 4.040 \text{ copos!}$$

CBA
CUSTEIO BASEADO em ATIVIDADES

USE O MÉTODO CBA PARA ENTENDER AS DESPESAS GERAIS

- ENERGIA ELÉTRICA – R$ 5,00
- MANUTENÇÃO – R$ 2,00
- LIMPEZA – R$ 1,00
- ETC.

} R$ 8,00 de despesas gerais

O custeio baseado em atividades (também conhecido como método ABC por causa da sigla em inglês para Activity-Based Costing) é importante para entender as despesas gerais durante o curso natural do negócio. Ao analisá-las, você poderá decidir quais atividades do processo de produção devem ser mantidas de acordo com os custos que vêm à tona.

PROCESSO DE GESTÃO

PLANEJAR
- ANÁLISE CVL
- ORÇAMENTO OPERACIONAL

TOMAR DECISÃO

CONTROLAR
- CUSTEIO BASEADO EM ATIVIDADES (CBA)

AVALIAR
- CENTROS DE INVESTIMENTO

O processo gerencial é bastante simples. Planejar, controlar e avaliar ajudarão você a ter as informações necessárias à tomada de decisões.

CAPÍTULO CINCO
FINANÇAS EMPRESARIAIS

DEFINIÇÃO

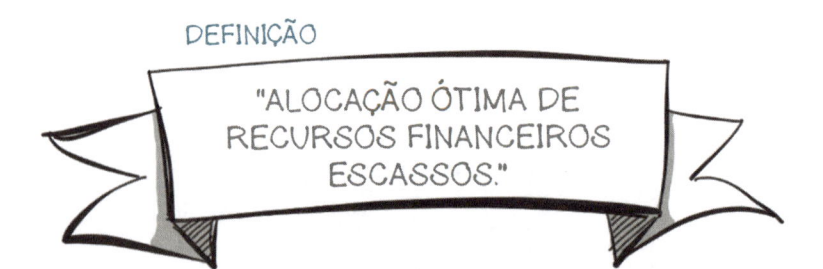

"ALOCAÇÃO ÓTIMA DE RECURSOS FINANCEIROS ESCASSOS."

RIQUEZA DAS NAÇÕES

(Recursos naturais, força de trabalho, inovação, capital financeiro)

O aprovisionamento, a aplicação e a distribuição ineficientes do capital financeiro levam ao uso ineficiente dos recursos naturais, da força de trabalho e da inovação em uma economia. Neste livro estamos focados na APLICAÇÃO ótima.

APLICAÇÃO
ÓTIMA

COMO DEVEMOS USÁ-LA?

① DECISÕES SOBRE FAZER/NÃO FAZER

② COMPRA E VENDA DE ATIVOS

③ EFICIÊNCIA OPERACIONAL

FLUXO DE CAPITAL

CAPITAL → PARA COMPRAR → ATIVOS → PARA OFERECER → PRODUTOS / SERVIÇOS → PARA GERAR → VENDAS → PARA AUMENTAR → RECEITA LÍQUIDA

O fluxo de capital começa com o dinheiro que é utilizado para comprar ativos, que permitem a criação de produtos, que geram vendas e aumentam a receita líquida. Os indicadores financeiros podem ajudar a analisar a eficiência da gestão do fluxo de capital.

O **VALOR** DE UM ATIVO ESTÁ LIGADO À SUA **UTILIDADE**

E O DINHEIRO VIVO?

UTILIDADE
É O FLUXO DE CAIXA FUTURO

DE NADA VALE SE FICA PARADO NO BANCO

Todos os bens e serviços são influenciados pelo tempo. A utilidade do dinheiro vivo é o fluxo de caixa futuro, e esses fluxos de caixa são influenciados pelo tempo. Receber R$ 100,00 agora ou daqui a 5 anos muda seu valor. A seguir vamos ver como isso pode ser calculado.

VALOR DO DINHEIRO NO TEMPO

QUANTO VOCÊ DARIA

AGORA

EM TROCA DE R$ 1.000,00 PROMETIDOS
PARA DAQUI A 5 ANOS?

MENOS DE R$ 1.000,00, COM CERTEZA!

MAS... QUANTO?

A próxima parte parece intimidadora, mas na verdade é mole. Intuitivamente, você sabe que receber R$ 1.000,00 agora não é o mesmo que receber esse dinheiro daqui a 5 anos. Você poderia fazer muitas coisas com essa quantia (investir na Bolsa, etc.). Então, quanto valem agora os R$ 1.000,00 de daqui a 5 anos?

Você poderia investir esse dinheiro em algum lugar e ter um retorno, mas também precisa levar em consideração alguns riscos no caso de alguém não lhe pagar. Isso é computado na "taxa de desconto" (4% no exemplo, mas poderia ser quanto você quisesse).

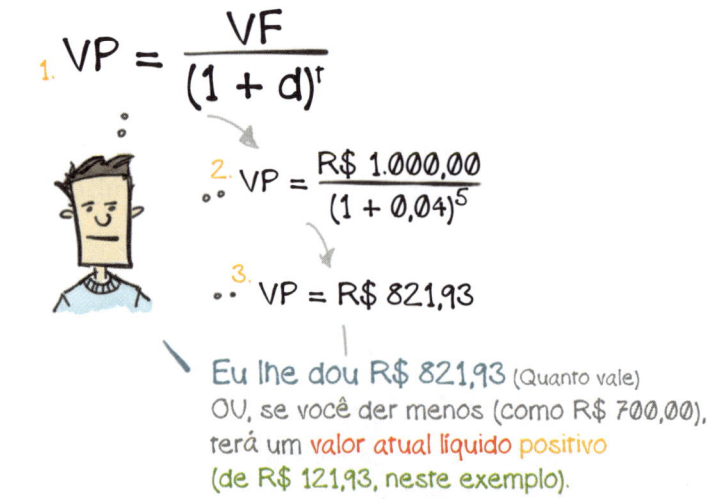

1. $VP = \dfrac{VF}{(1 + d)^t}$

2. $VP = \dfrac{R\$\ 1.000,00}{(1 + 0,04)^5}$

3. $VP = R\$\ 821,93$

Eu lhe dou R$ 821,93 (Quanto vale) OU, se você der menos (como R$ 700,00), terá um valor atual líquido positivo (de R$ 121,93, neste exemplo).

Vamos explicar por partes. VP é o que você está tentando descobrir (valor presente). VF nada mais é que o valor futuro a ser pago em uma única parcela: R$ 1.000,00. Já (1 + d) calcula o percentual de incerteza a ser levado em conta – aqui, 1 + 4%. E t representa o tempo, 5 (anos). BUM! Agora você sabe quanto esse dinheiro vale.

$$VP = \frac{VF}{(1+d)^t}$$

- **VALOR PRESENTE** (O QUE VOCÊ ESTÁ TENTANDO DESCOBRIR)
- **VF** — FLUXO DE CAIXA PAGO EM PARCELA ÚNICA NO FUTURO. AQUI, R$ 1.000,00 APÓS 5 ANOS
- **TEMPO**
- **TAXA DE DESCONTO / INCERTEZA** — QUANTO MAIOR A INCERTEZA, MAIOR A TAXA

R$ 2.000,00

EU DEVERIA COMPRAR ESTE CORTADOR DE GRAMA PARA O MEU NEGÓCIO DE JARDINAGEM?
(R$ 2.000,00)

ANO	Fluxo de caixa anual	Valor presente do fluxo de caixa
1	R$ 1.000,00	R$ 1.000,00 ÷ (1 + 10%)¹ = R$ 909,09
2	R$ 1.000,00	R$ 1.000,00 ÷ (1 + 10%)² = R$ 826,45
3	R$ 1.000,00	R$ 1.000,00 ÷ (1 + 10%)³ = R$ 751,31
4	R$ 1.000,00	R$ 1.000,00 ÷ (1 + 10%)⁴ = R$ 683,01
5	R$ 1.000,00	R$ 1.000,00 ÷ (1 + 10%)⁵ = R$ 620,92

COMPRAR

R$ 3.790,78
- R$ 2.000,00
R$ 1.790,78

Com essa arma, você pode saber se um cortador de grama vale ou não o investimento de R$ 2.000,00 quando você olha para o fluxo de caixa que ele trará ao longo do caminho.

CAPÍTULO SEIS
MARKETING

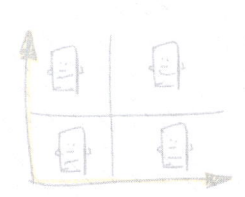

Marketing é promover serviços e produtos. Primeira regra: nunca tente agradar a todos. Segmente o mercado disponível (segmentação), mire um público-alvo (*targeting*), então posicione o produto (posicionamento).

STP

SEGMENTAÇÃO

Com quem PODERÍAMOS nos relacionar?

POSICIONAMENTO

Posicione o produto de acordo com os valores do seu público-alvo.

Como fazer o posicionamento de forma a tocar corações e mentes?

TARGETING

Com quem DEVERÍAMOS nos relacionar (público-alvo)?

O MARKETING TRAZ DINHEIRO COM A SEGMENTAÇÃO.

PARA QUEM NÃO QUEREMOS VENDER? ESSA PERGUNTA DEIXA VOCÊ QUASE NA CARA DO GOL.

O Walmart vende para todo mundo?
Não.

Foco: Compradores em busca de preços baixos

Quem é seu cliente e quem não é?

Esse é um dos passos mais difíceis no marketing. Queremos vender para todo mundo, mas, se tentarmos fazer isso, acabaremos diluindo a mensagem do nosso produto e ele não vai ter apelo para ninguém. Foque no seu público-alvo e posicione o produto a partir daí.

A segmentação e o *targeting* podem ser abordados da seguinte maneira: por mais que a gente adore a ideia de que todo mundo seja nosso cliente, isso não vai acontecer. Assim, olhe para o mercado potencial, depois para o mercado realmente disponível. Segmente-o e mire nos clientes potenciais mais valiosos.

POPULAÇÃO TOTAL

MERCADO PENETRADO
(CLIENTES ATUAIS)

MERCADO POTENCIAL
(INTERESSADO EM COMPRAR O PRODUTO)

PÚBLICO-ALVO
(A QUEM DECIDIMOS ATENDER)

MERCADO DISPONÍVEL
(TEM DINHEIRO PARA COMPRAR)

MERCADO DISPONÍVEL QUALIFICADO
(PÚBLICO COM RENDA E ACESSO LEGAL AO PRODUTO)

SEGMENTE PARA DESCOBRIR O PÚBLICO-ALVO MAIS VALIOSO

A técnica conhecida como *laddering* é uma ótima forma de mapear seu produto, ver como ele se conecta com o público-alvo e decidir como usar isso para criar peças de marketing.

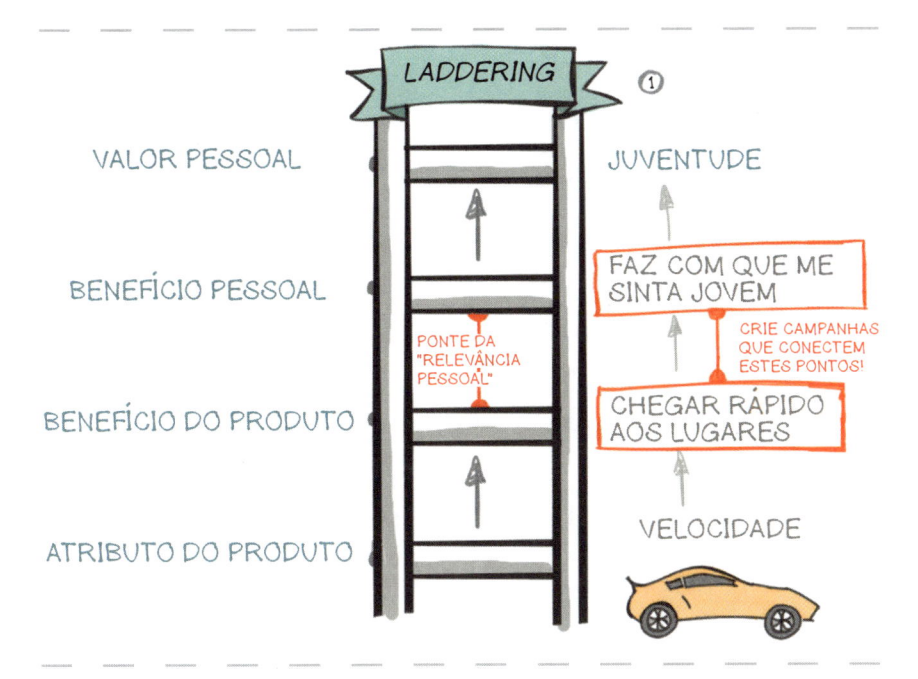

LADDERING ①

- VALOR PESSOAL — JUVENTUDE
- BENEFÍCIO PESSOAL — FAZ COM QUE ME SINTA JOVEM
- BENEFÍCIO DO PRODUTO — CHEGAR RÁPIDO AOS LUGARES
- ATRIBUTO DO PRODUTO — VELOCIDADE

PONTE DA "RELEVÂNCIA PESSOAL"

CRIE CAMPANHAS QUE CONECTEM ESTES PONTOS!

Pergunte aos seus maiores entusiastas do que eles gostam (um atributo em particular), por que gostam (benefício do produto), por que isso é importante (benefício pessoal) e como se conecta a um valor pessoal elevado. É na ligação entre o benefício do produto e o benefício pessoal que a mágica acontece.

Agora você pode posicionar suas campanhas de marketing de acordo com o olhar de seu grupo apaixonado enquanto mira no grupo neutro para ganhar novos clientes.

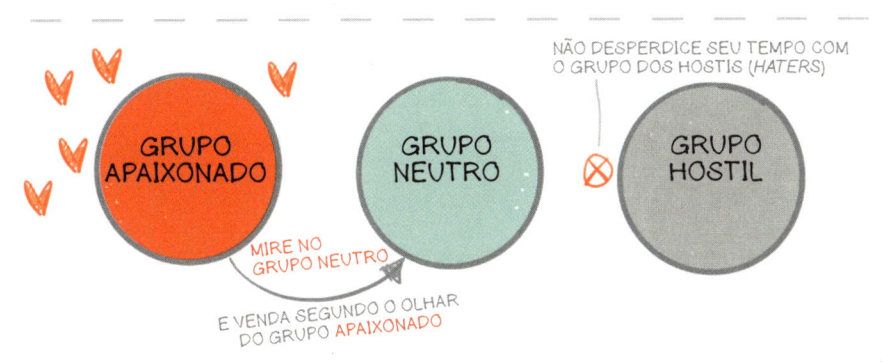

GRUPO APAIXONADO — GRUPO NEUTRO — GRUPO HOSTIL

NÃO DESPERDICE SEU TEMPO COM O GRUPO DOS HOSTIS (*HATERS*)

MIRE NO GRUPO NEUTRO E VENDA SEGUNDO O OLHAR DO GRUPO APAIXONADO

Vamos pensar na nossa barraquinha de limonada e fazer algumas entrevistas com o grupo de apaixonados. Com elas, você deve ser capaz de montar um "Mapa Hierárquico de Valor" ① como o que vemos abaixo. Quando perceber padrões de resposta, destaque essas linhas e foque nas que estiverem na ponte da "relevância pessoal".

"O que você ama na nossa limonada?"

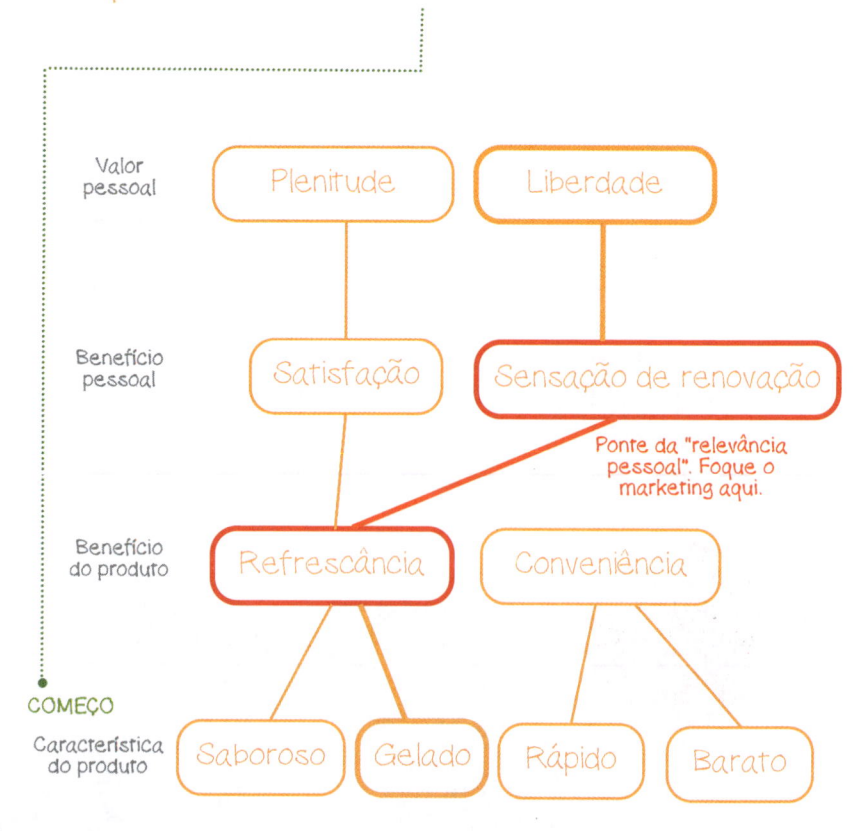

Valor pessoal	Plenitude	Liberdade
Benefício pessoal	Satisfação	Sensação de renovação
Benefício do produto	Refrescância	Conveniência
Característica do produto	Saboroso / Gelado	Rápido / Barato

Ponte da "relevância pessoal". Foque o marketing aqui.

COMEÇO

DOR!
QUAL PROBLEMA ELA RESOLVE?

SUPERE AS EXPECTATIVAS
FOQUE EM SITUAÇÕES DE USO E VÁ ALÉM DAS EXPECTATIVAS

DEMONSTRE
VER PARA CRER

TESTE DECISIVO PARA

NOVAS IDEIAS

QUANTIFIQUE
INFORMAÇÕES E NÚMEROS APOIAM OS ARGUMENTOS

ORIGINALIDADE DO PRODUTO

ORIGINALIDADE

VALOR

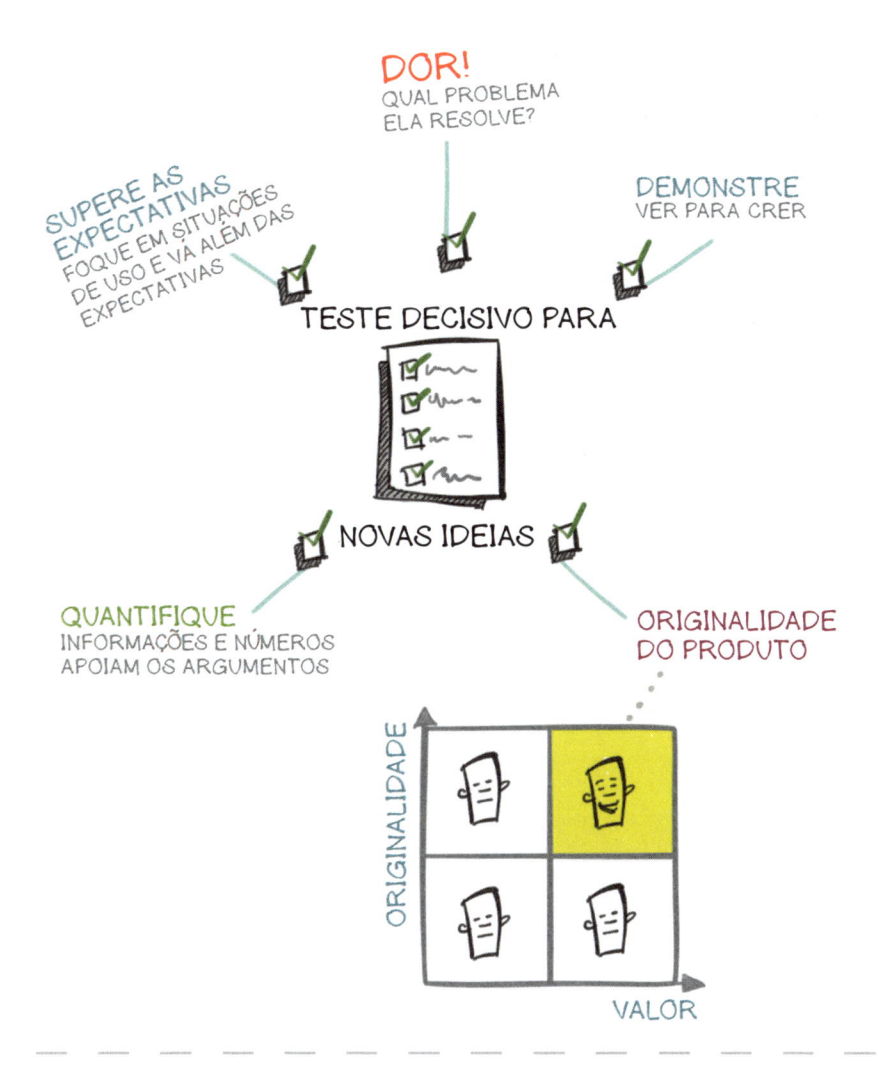

Quando estiver trabalhando novas ideias e promovendo-as, certifique-se de que elas passem pelo teste decisivo acima. Quanto mais dimensões delas você atender, melhor será a sua mira. Outra maneira de saber se você tem uma boa ideia é perguntar para as pessoas se elas comprariam o produto ou serviço e por quanto.

PERGUNTE
"Em uma escala de 1 a 10, qual a probabilidade de você comprar isto?"

QUALQUER RESPOSTA ACIMA DE **7,5** SIGNIFICA *SUCESSO* EM POTENCIAL.

MARCA

A **SOMA TOTAL** DAS IMPRESSÕES FORMADAS POR MEIO DOS **PONTOS DE CONTATO**

- SITE
- ANÚNCIOS
- E-MAIL
- ATENDIMENTO AO CONSUMIDOR

GERENCIE SUA MARCA ADMINISTRANDO SEUS PONTOS DE CONTATO

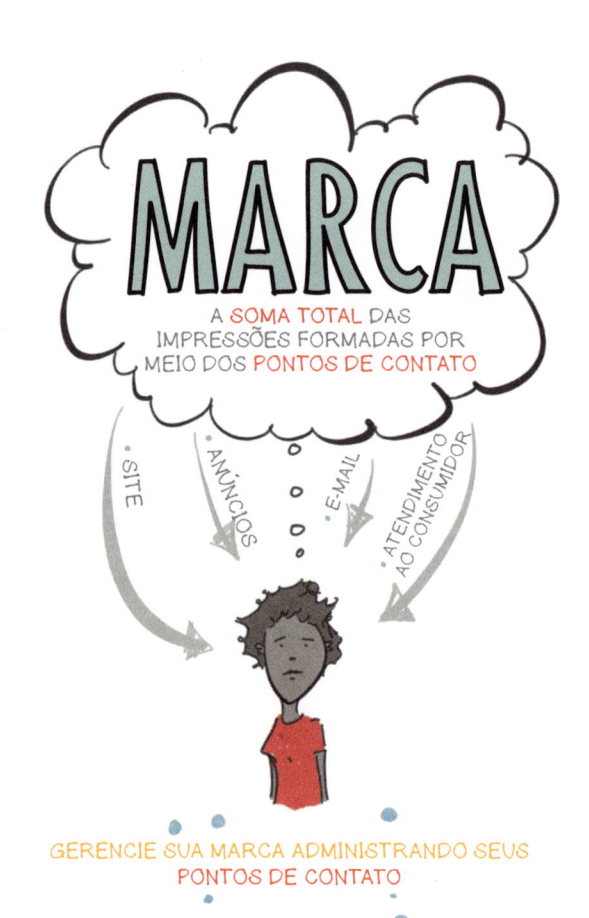

Marcas NÃO são os logotipos, a identidade visual ou os slogans. Esses são artifícios que podem ajudar a tornar sua marca mais familiar, mas uma marca é muito mais do que isso. Com que impressões seu consumidor ficou? Quais são os seus pontos de contato com ele?

---

3 ELEMENTOS ESSENCIAIS DO BRANDING

① **CAUSE IMPACTO** NOS CONSUMIDORES
② **DIFERENCIE-SE** DOS CONCORRENTES
③ **MOTIVE** OS FUNCIONÁRIOS

O QUÊ: TRAZEMOS FELICIDADE PARA AS CRIANÇAS

COMO: FABRICANDO BRINQUEDOS

POR QUÊ: AS CRIANÇAS SÃO NOSSO FUTURO E MERECEM SORRIR NESTE MUNDO CADA VEZ MAIS TRISTE.

Achamos que as pessoas se importam com o que ou como fazemos. Mas elas não ligam. Elas se importam é com POR QUE fazemos. Essa é a nossa essência – e isso se torna o mantra da nossa marca, funcionando como parâmetro para todas as decisões a serem tomadas. Pergunte-se: "Essa decisão está alinhada com a nossa essência?" Se não estiver, não faça.

MANTRA DA MARCA
É A NOSSA ESSÊNCIA

CAPÍTULO SETE
GESTÃO OPERACIONAL

A gestão operacional é dividida em três partes. Você cria, administra e aperfeiçoa um conjunto de atividades que gera produtos e serviços e os entrega ao cliente.

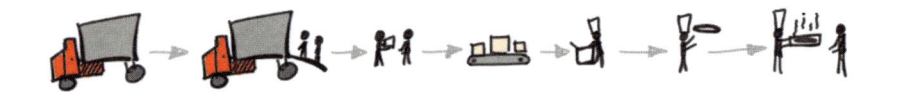

CRIAÇÃO   ADMINISTRAÇÃO   APERFEIÇOAMENTO ①

Quando você assumir uma nova posição ou responsabilidade, não se assuste. Mantenha a calma e mapeie o processo. Procure o que for complexo e simplifique.

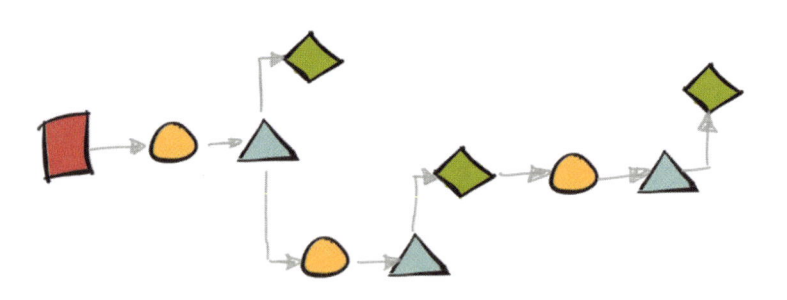

ANÁLISE DE PROCESSOS

① ENTENDA A OPERAÇÃO ATUAL

② ENTENDA O DESEMPENHO

③ ENTENDA O DESEMPENHO EXIGIDO PELOS CLIENTES

DESEMPENHO

CAPACIDADE
Máximo de unidades produzidas por unidade de tempo (100 pizzas por hora)

EFICIÊNCIA
Utilização. Você tem 100 funcionários que normalmente trabalham 8 horas. Se em um dia fizer uso de apenas 700 horas, sua eficiência será de 87,5%.

$$700 \div (100 \times 8) = 87,5\%$$

PALAVRAS-CHAVE

Tempo de aprovisionamento: O intervalo entre o pedido e a entrega do produto ao cliente.

Rendimento: A quantidade de produtos que um negócio consegue criar em determinado tempo.

Tempo de ciclo: O tempo total gasto do começo ao fim do processo.

Capacidade: A produção máxima de um processo, medida em unidades produzidas por unidade de tempo.

Eficiência: Um padrão de desempenho de negócios. O ideal é que todos os processos alavanquem os recursos da forma mais otimizada possível.

Gargalo: Na cadeia produtiva, um processo que é lento e reduz a capacidade total.

Limonada

MATÉRIAS-PRIMAS

Sua barraquinha de limonada está sendo administrada de maneira eficiente? Verifique os seus processos e veja como ela está se saindo.

UNIDADE = 🥤

RENDIMENTO = **1 UNIDADE EM 2min 50s**

GARGALO = 🍋 **(2min)**

CAPACIDADE = **5 UNIDADES A CADA 12min 10s**

PROCESSO

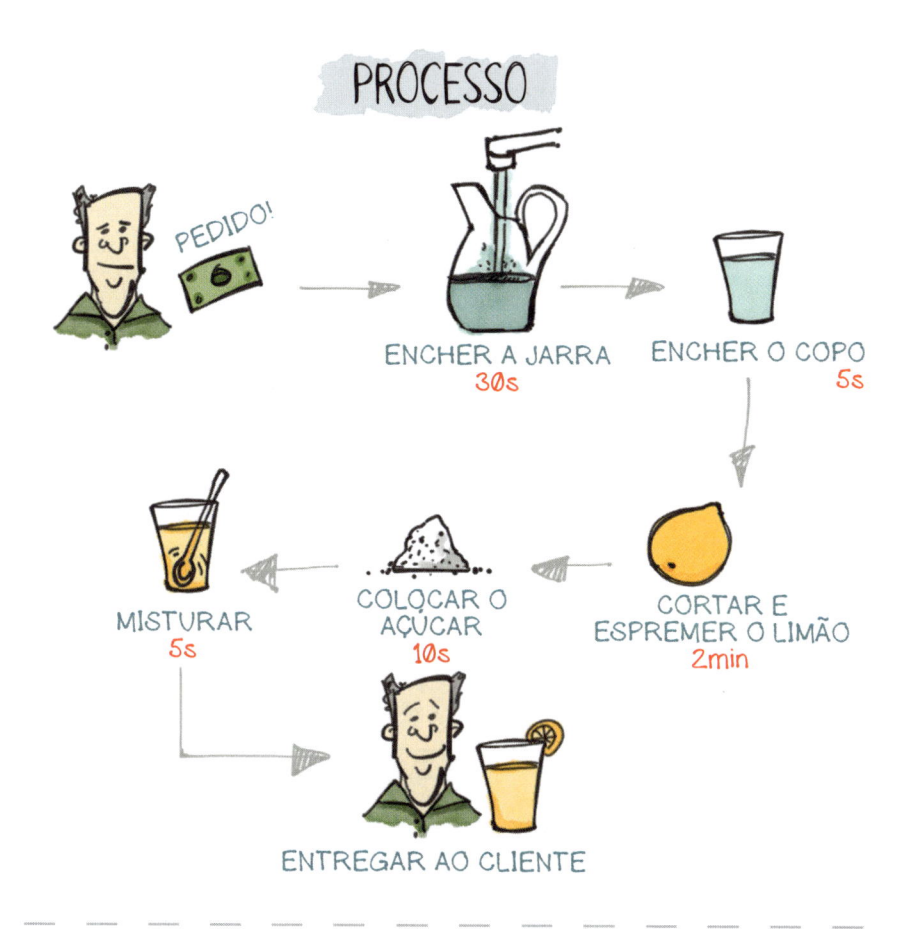

- PEDIDO! → ENCHER A JARRA (30s) → ENCHER O COPO (5s) → CORTAR E ESPREMER O LIMÃO (2min) → COLOCAR O AÇÚCAR (10s) → MISTURAR (5s) → ENTREGAR AO CLIENTE

Só é preciso encher a jarra de novo a cada 5 copos vendidos. Dependendo da sua demanda, você pode servir os 5 copos de uma vez só.

A menos que você reduza o ciclo operacional ou elimine algum gargalo, deve levar 12 minutos e 10 segundos para produzir cada lote de 5 unidades. Sem contratar mais pessoal, essa é a sua capacidade máxima.

Considerando que você normalmente produza 5 lotes por hora (25 copos/hora), poderá calcular a utilização da sua capacidade. Se você produziu apenas 17 copos em determinada hora, sua utilização foi de 17 ÷ 25 = 68%.

Esse é um exemplo simples, mas você pode aplicar esse princípio em qualquer lugar. Mantenha a calma, analise o processo, encontre maneiras de aperfeiçoá-lo e então coloque a mão na massa.

CAPÍTULO OITO
GESTÃO ESTRATÉGICA DE RECURSOS HUMANOS

A maioria das dificuldades nos negócios é sintoma de problemas mais profundos da própria organização ou das pessoas. Melhorar a gestão de pessoas é uma forma de aperfeiçoar o negócio como um todo. Essa gestão pode ser sistematizada de modo a reduzir as possíveis variações e aumentar a previsibilidade.

PROBLEMA

CAPITAL HUMANO
CRIA ESTE CAPITAL

CONTRATANDO

NÓS SOMOS
TENDENCIOSOS

- COMETEMOS ERROS BASEADOS NA INTUIÇÃO
- QUANDO "SENTIMOS" QUE É A PESSOA CERTA, CONTRATAMOS
- QUANDO A PESSOA SE PARECE CONOSCO, GOSTAMOS DELA

AS MAIORES RAZÕES PARA SER SISTEMÁTICO NA HORA DE CONTRATAR

Uma maneira de entrevistar e contratar sem ser tendencioso. (Experimentei isso quando estava contratando pessoas e funcionou muito bem!)

CONTRATAÇÃO SISTEMÁTICA

1. IDENTIFIQUE O OBJETIVO DA CONTRATAÇÃO

2. ELABORE UMA DESCRIÇÃO DO CARGO

3. DEFINA TAREFAS

4. PRIORIZE TAREFAS

5. DEFINA AS COMPETÊNCIAS NECESSÁRIAS
   EX.: GERENCIAR OPERAÇÕES

6. LEVANTE QUESTÕES SOBRE COMPORTAMENTO E DÊ NOTAS PARA AS RESPOSTAS
   EX.: "CONTE SOBRE UMA EXPERIÊNCIA EM QUE VOCÊ CRIOU UM NOVO PROCESSO OPERACIONAL."

AVALIADOS DE ACORDO COM A PRIORIDADE	JOÃO	SANDRA	MARCOS
PROCESSO OPERACIONAL	5	3	1
LIDERANÇA	2	5	1
RESOLUÇÃO DE PROBLEMAS	2	5	2
MÉDIA	3	4,3	1,3

7. CONTRATE E FAÇA A INTEGRAÇÃO

8. AVALIE O FUNCIONÁRIO

GRANDE PARTE DO QUE SE FAZ EM ECONOMIA DO CONHECIMENTO É **ARBITRÁRIA**

PARA REALIZAR AS COISAS, AS PESSOAS PRECISAM **QUERER**

Então, como você motiva seus funcionários? Veja como você se sai no Potencial Motivador do Trabalho. Ele mede o nível de motivação de seus funcionários.

PMT ①

POTENCIAL MOTIVADOR DO TRABALHO
1 a 7 pontos por item (total máximo: 343)

PERCEBER MELHORAS

$$PMT = \left[\frac{(\text{HABILIDADES DIVERSAS} + \text{IDENTIFICAÇÃO COM A TAREFA} + \text{SIGNIFICADO DA TAREFA})}{3}\right] \times \text{AUTONOMIA} \times \text{FEEDBACK}$$

BEM-VINDO!   ADEUS!

ROTATIVIDADE (TURN OVER) → NADA BOA

CUSTO: 93% A 200% DO SALÁRIO ANUAL

•——— TAXA ANUAL DE ROTATIVIDADE ———•

$$\frac{\text{NÚMERO DE SAÍDAS}}{\text{NÚMERO MÉDIO DE EMPREGADOS NO PERÍODO}} \times \frac{12}{\text{MESES NO PERÍODO}}$$

TEORIA DOS DOIS FATORES DE HERZBERG ②

MOTIVAÇÃO
- OPORTUNIDADES DE REALIZAÇÃO
- RECONHECIMENTO
- TRABALHO GRATIFICANTE, ADEQUADO ÀS HABILIDADES
- RESPONSABILIDADE
- DESENVOLVIMENTO

DESMOTIVAÇÃO
- POLÍTICAS RUINS E RESTRITIVAS
- SUPERVISÃO INVASIVA
- MEDO DE PERDER O EMPREGO
- TRABALHO SEM SIGNIFICADO

LOCALIZE PESSOAS COM ALTO POTENCIAL
FACILITE SEU DESENVOLVIMENTO

GESTÃO DO
DESEMPENHO

🚩 **DETERMINE** EXPECTATIVAS DE DESEMPENHO

↓

📈 **MEÇA** OS RESULTADOS

↓

👥 **DÊ** FEEDBACK

↓

💵 **RECOMPENSE** ou **CORRIJA**

DESEMPENHO =
COMPETÊNCIA X MOTIVAÇÃO X OPORTUNIDADE

- TREINAMENTO   - INCENTIVOS   - APOIO
                                    - DEFINIÇÃO DE PAPÉIS
                                    - RESPONSABILIDADE CRESCENTE

ALAVANCAS DO SUCESSO DA EQUIPE

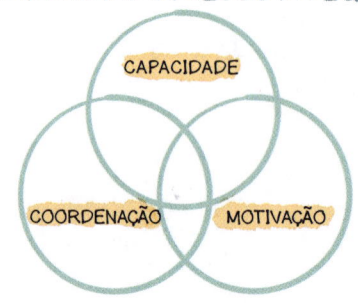

- CAPACIDADE
- COORDENAÇÃO
- MOTIVAÇÃO

Composição
- Habilidades da equipe
- Motivação
- Tamanho da equipe

DESEMPENHO DA EQUIPE ③

Contexto
- Necessidade de uma equipe
- Tipo de equipe necessária
- Cultura da equipe

Mudança
Capacidade de monitorar e melhorar o desempenho

Competências
A habilidade da equipe de resolver problemas, comunicar-se, tomar decisões, administrar conflitos e inovar

---

Quando encontrar qualquer tipo de resistência, apele para as emoções. A lógica é como um homem (razão) guiando um elefante (emoção). Adivinha quem tem mais força para decidir aonde ir!

LÓGICA

EMOÇÕES

CAPÍTULO NOVE
NEGOCIAÇÕES COMERCIAIS

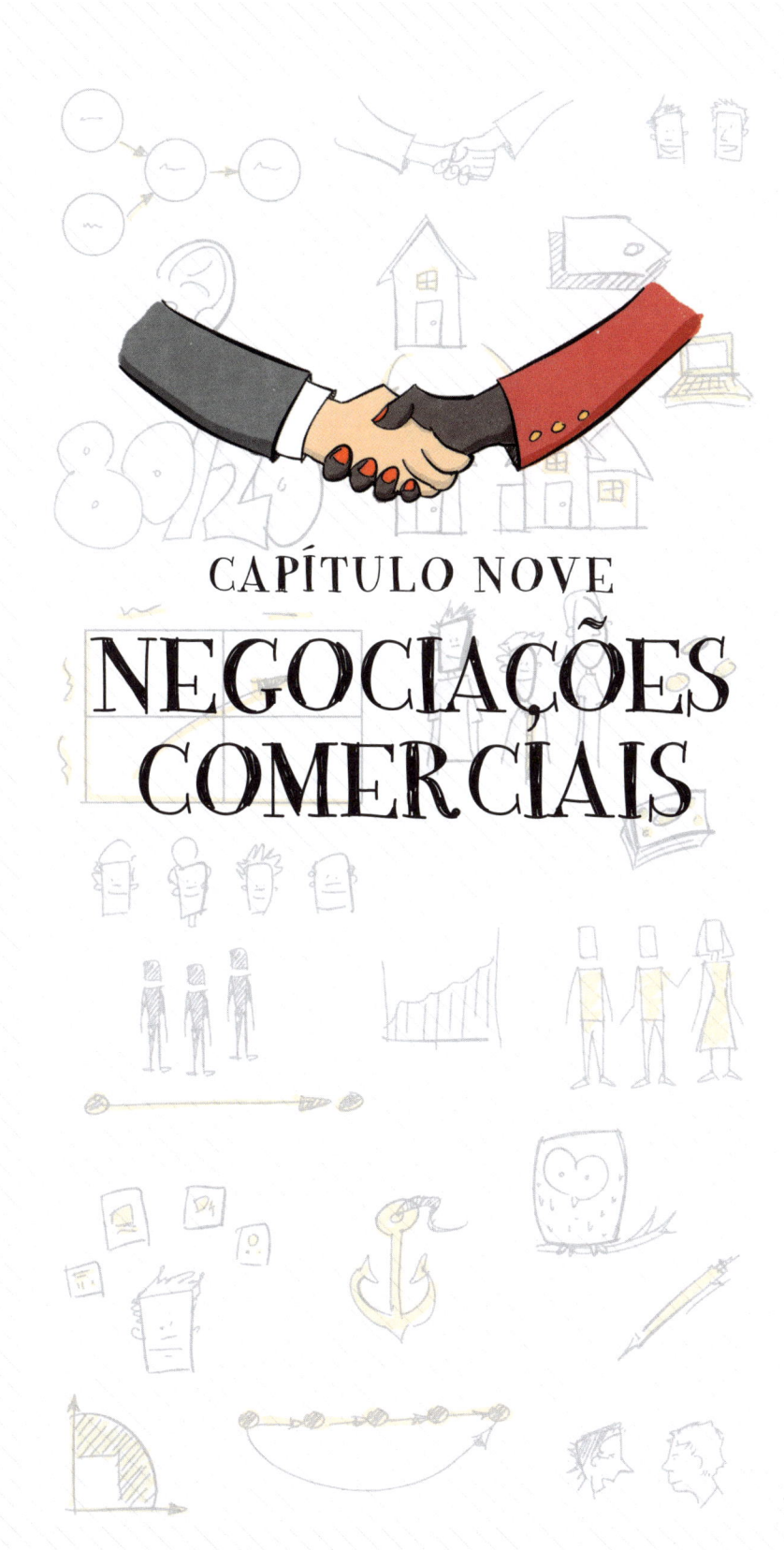

NÓS NEGOCIAMOS

30 x / dia

ESTRUTURA DA NEGOCIAÇÃO

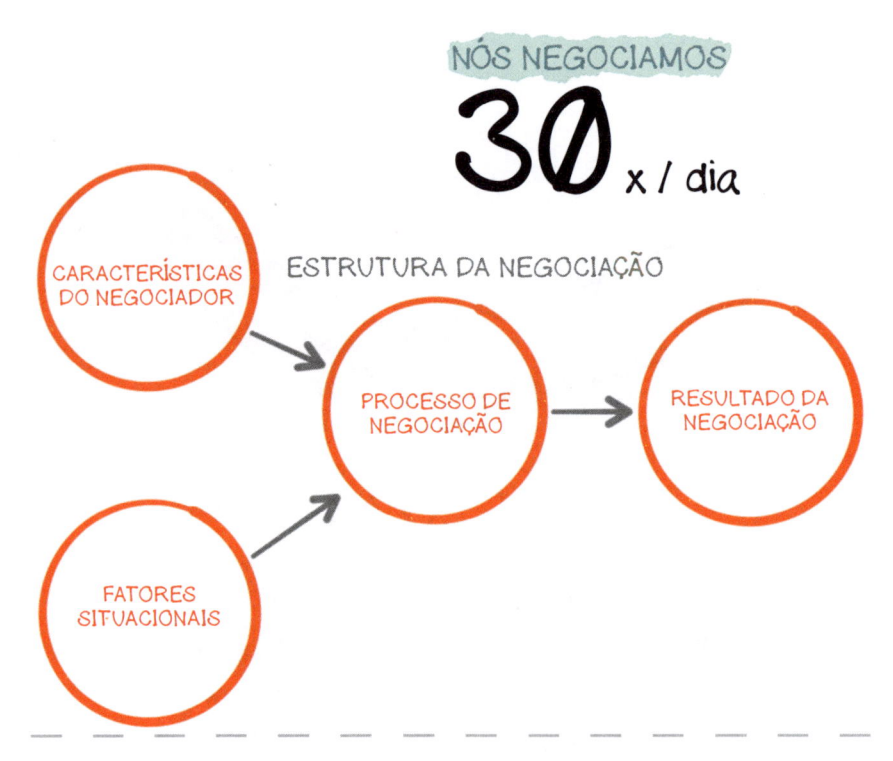

- CARACTERÍSTICAS DO NEGOCIADOR → PROCESSO DE NEGOCIAÇÃO → RESULTADO DA NEGOCIAÇÃO
- FATORES SITUACIONAIS → PROCESSO DE NEGOCIAÇÃO

A estrutura da negociação é simples, porém poderosa. Aplique-a para conseguir o que você quer com muito mais frequência.

CARACTERÍSTICAS DO NEGOCIADOR

OUVIR — Nº 1 NA LISTA

HABILIDADE INTERPESSOAL

Corujas são ótimas negociadoras

- OUVEM
- OBSERVAM
- SONDAM

DISPOSTO A CONTAR COM A AJUDA DA EQUIPE

COMPETÊNCIAS SOCIAIS

Elogios não custam nada, mas são eficientes.

FONTES DE PODER INDIVIDUAL ①

① PODER LEGITIMADO
  - JUIZ
  - POLICIAL

② PODER DE RECOMPENSAR/COAGIR
  - RECURSOS ESCASSOS

③ PODER DO ESPECIALISTA
  - HABILIDADES
  - CONHECIMENTO

④ PODER DA INDICAÇÃO
  - "FULANO" ME RECOMENDOU
  - DIPLOMATAS

⑤ PODER PESSOAL
  - CHARME
  - CARISMA
  - POSTURA POLÍTICA

O que você quer que pensem a seu respeito?

✓ Justo e honesto
✓ Informado, fez a lição de casa
✓ Postura de vencedor

3 ATRIBUTOS ESSENCIAIS

- Temperamento equilibrado
- Disciplina
- Ótima capacidade de escuta

80/20

OUVIR   FALAR

3 ATRIBUTOS DE PERSUASÃO

1. PODER
   - Preparo
   - Conhecimento
   - Personalidade

2. CREDIBILIDADE
   - "Eu não sei"
   - Resultado "correto"

3. ATRATIVOS
   - Mensagem
   - Mensageiro
     - Ouve
     - Inspira confiança
     - Presta atenção

Nunca se apaixone por ①

Apaixone-se por ②

O poder em uma negociação está na sua **MAPAN**
- **M**elhor
- **A**lternativa
- **P**ara
- **A**cordos
- **N**egociados

FATORES SITUACIONAIS

- OBJETIVOS (COMPRADOR E VENDEDOR)

- INTERESSES

- CENÁRIO (TEMPO E LUGAR)

MATRIZ DE ALTERNATIVAS DE NECESSIDADE (PODER)

	NECESSIDADES ALTA	NECESSIDADES BAIXA
ALTERNATIVAS MUITAS		Diversas ofertas de trabalho e nenhuma urgência
ALTERNATIVAS POUCAS	1 oferta de emprego, desesperado	

(MUDAR PARA ↗)

Quem tem mais alternativas e menos necessidade tem mais poder. Como você pode se colocar em uma posição de poder na hora de negociar? Além disso, como você pode se adaptar a uma situação em que a outra parte tem mais poder?

PROCESSO DE NEGOCIAÇÃO

ESSENCIAL

Ensaie antes da negociação
(Mesmo que ela seja feita pelo telefone)

O divisor de águas
Ensaie o papel do outro também.
Esteja mais preparado que ele.

Dica de profissional: Escreva sua apresentação inicial de antemão.

R$ 5.000,00
1
SE ALGUÉM ANCORAR EM UMA OFERTA BAIXA

VOCÊS TERMINARÃO NO MEIO
3

R$ 20.000,00
2
FAÇA UMA OFERTA ALTA

"QUANTO MAIS CEDO VOCÊ FALAR EM DINHEIRO, MENOS DINHEIRO RECEBERÁ."

ÉTICA DA NEGOCIAÇÃO ②

1. SEPARE A PESSOA DO PROBLEMA
2. FOQUE NOS INTERESSES E NÃO NAS POSIÇÕES
3. PROCURE OPÇÕES EM QUE OS DOIS LADOS GANHEM
4. USE PADRÕES E PROCEDIMENTOS JUSTOS

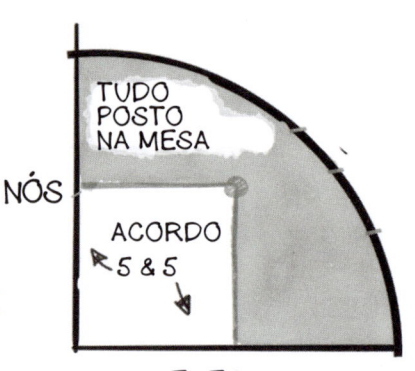

NÓS

TUDO POSTO NA MESA

ACORDO
5 & 5

ELES
Busque informações para saber como expandir as possibilidades para ambas as partes.

ANCORAGEM COGNITIVA
Explique **PRIMEIRO**, conclua depois.

"Esta caneta foi para a Lua e voltou."   "Custa apenas R$ 8.000,00."

Os melhores negociadores não seguem uma linha reta,
🔸 eles
    🔸 conduzem
        🔸 seus
argumentos
        🔸 conforme as necessidades
    🔸 Você precisa conhecê-los de antemão

(Anote-os)

① QUAL É O SEU OBJETIVO?

Seu objetivo é crucial. Você quer ter razão... ou prefere ter um casamento feliz? Às vezes não dá para ter as duas coisas.

② COM QUEM VOCÊ ESTÁ NEGOCIANDO?

Quanto mais você conhecer e compreender uma pessoa, maiores serão as chances de conseguir um bom acordo com ela. Quais imagens ela tem na cabeça? O que tira o sono dela? Quais são as esperanças e os sonhos dela? ③

③ QUAL É O SEU PLANO PROGRESSIVO?

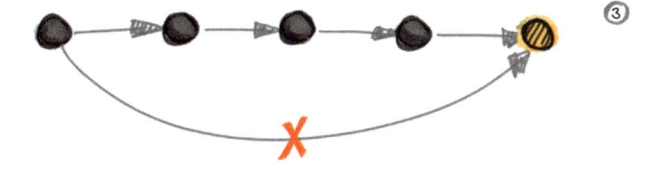

Ir aos poucos sempre é melhor que tentar conseguir tudo na primeira tacada.

CAPÍTULO DEZ
ESTRATÉGIA

AS 5 FORÇAS COMPETITIVAS RELACIONADAS À ESTRATÉGIA

- NOVOS PARTICIPANTES
- PODER DE NEGOCIAÇÃO DOS FORNECEDORES
- RIVALIDADE ENTRE CONCORRENTES ATUAIS
- PODER DE NEGOCIAÇÃO DOS CLIENTES
- AMEAÇA DE SUBSTITUIÇÃO

Essas 5 forças podem determinar a lucratividade de uma empresa a longo prazo. Quanto maior a ameaça, menor o lucro. Ou você constrói uma defesa contra essas forças, ou encontra um setor em que elas sejam mais limitadas.

MAIOR AMEAÇA = MENOR LUCRO

FAÇA
DIFERENTE

BASE DE DIFERENCIAÇÃO
+
PESSOAS GOSTAM

MERCADO DO JOÃO
ALTA QUALIDADE
PREÇOS ALTOS

APELO PARA O SEGMENTO

OUTROS ANÚNCIOS NÃO SURTEM EFEITO NELES

Atraia um segmento de consumidores e encontre uma base de diferenciação. Assim, os anúncios dos concorrentes não surtirão efeito neles. Seja tão incrível que os clientes naturalmente prefiram você.

ESCOLHA DE MANEIRA CONSCIENTE UM CONJUNTO EXCLUSIVO DE ATIVIDADES QUE OFEREÇA AO CONSUMIDOR UMA COMBINAÇÃO ÚNICA DE VALORES.

- REALIZE AS ATIVIDADES DE MANEIRA ÚNICA E MELHOR
- REALIZE ATIVIDADES DIVERSIFICADAS

COMPRAR SAPATOS
O ATENDIMENTO AO CLIENTE É ENCANTADOR

CONCORRÊNCIA

ENCONTRE MANEIRAS DE REALIZAR AS ATIVIDADES DE UM JEITO INOVADOR

QUE SATISFAÇA UMA NECESSIDADE / UM DESEJO DO CONSUMIDOR/MERCADO

VOCÊ PODE

DIFERENCIAR

QUALQUER PRODUTO OU EMPRESA

ATÉ MESMO *COMMODITIES*

ÁGUA

BATATAS

Para diferenciar algo, basta ter criatividade. Olhe em volta e escolha um objeto. Se você fosse vendê-lo, como o diferenciaria? Se tem gente que consegue fazer isso até com *commodities*, você também consegue.

BASES DE DIFERENCIAÇÃO

"QUEM SABE CRIAR BOAS DIFERENCIAÇÕES SABE O QUE O CLIENTE QUER."

PREENCHA ALGUMA NECESSIDADE DO CONSUMIDOR:

- REPUTAÇÃO
- FOME
- CONFORTO
- LIMPEZA

- BELEZA
- STATUS
- ESTILO
- GOSTO

- SEGURANÇA
- QUALIDADE
- SERVIÇO
- PRECISÃO

- APOIO A UMA CAUSA
- CONFIANÇA
- NOSTALGIA
- PERTENCIMENTO

VERSUS   VERSUS   Schin-Cola / Coca-Cola / Pepsi

A MAIORIA DAS PESSOAS
NÃO SABE DIZER A DIFERENÇA

SE AS PESSOAS NÃO SABEM QUAL A DIFERENÇA, COMO DIFERENCIAM OS PRODUTOS?

FELICIDADE

MARKETING E APELO AO PÚBLICO-ALVO

COMO VOCÊ PODERIA COMPETIR COM ELES COM UM NOVO REFRIGERANTE DE COLA?

DICA: NÃO É O SABOR

A COMPETIÇÃO NÃO SE BASEIA NO PRODUTO

A ESTRUTURA DO SETOR É IMPORTANTE →

CONCORRENTE PERFEITO?
(AS 5 FORÇAS ESTÃO MAXIMIZADAS)
MANTENHA DISTÂNCIA

SE VOCÊ QUER COMPETIR, PRECISA ENTENDER
POR QUE
AS PESSOAS COMPRAM

HARLEY

FAZER UMA MOTO MELHOR NÃO VAI ATRAIR CONSUMIDORES. O QUE ELES COMPRAM É O ESTILO DE VIDA.

UMA ESTRATÉGIA SERÁ BOA NA MEDIDA DE SUA IMPLEMENTAÇÃO

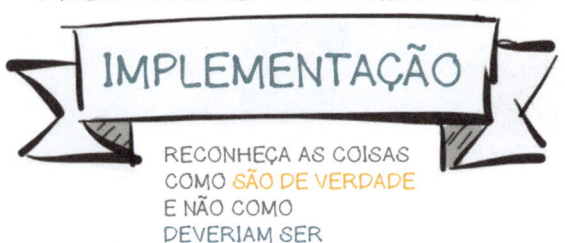

RECONHEÇA AS COISAS COMO SÃO DE VERDADE E NÃO COMO DEVERIAM SER

Durante a Guerra Civil dos Estados Unidos (1861-1865), o exército confederado tinha uma estratégia melhor antes da Batalha de Gettysburg, mas ele não identificou as novas circunstâncias e não se adaptou a elas. O resultado? Bom... digamos que esse foi um momento decisivo para a sua derrota.

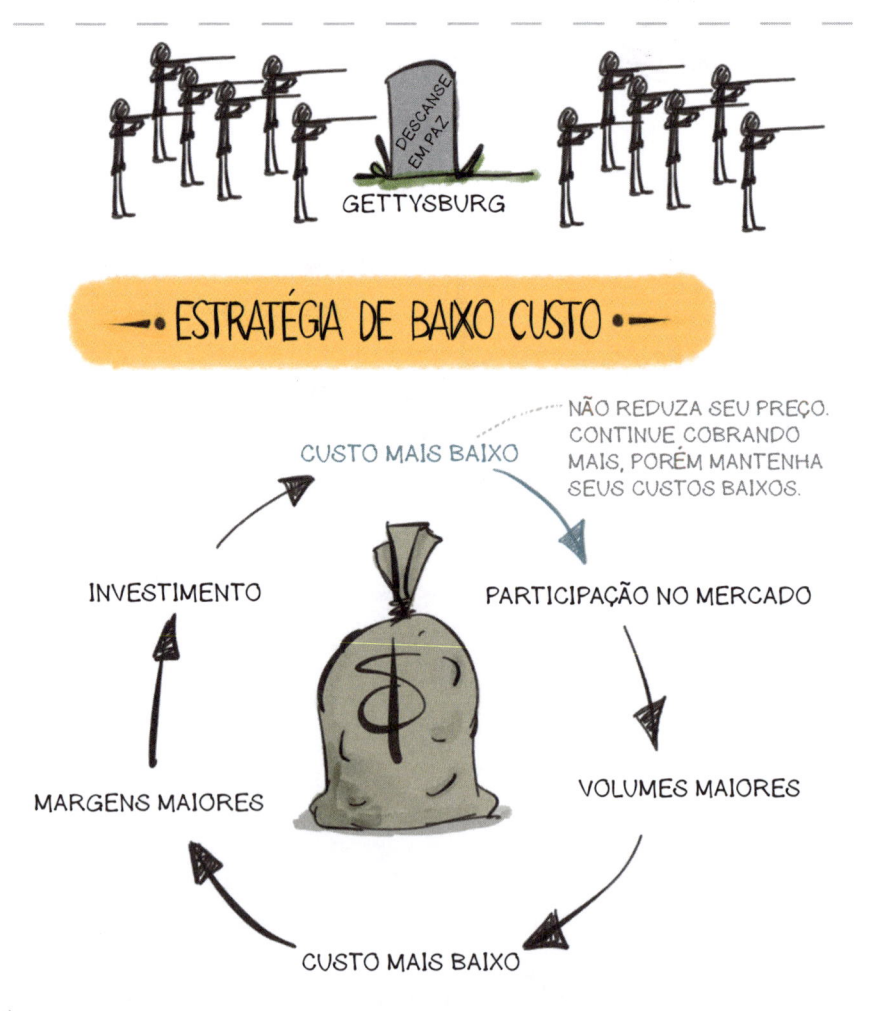

GETTYSBURG
DESCANSE EM PAZ

ESTRATÉGIA DE BAIXO CUSTO

CUSTO MAIS BAIXO → PARTICIPAÇÃO NO MERCADO → VOLUMES MAIORES → CUSTO MAIS BAIXO → MARGENS MAIORES → INVESTIMENTO

NÃO REDUZA SEU PREÇO. CONTINUE COBRANDO MAIS, PORÉM MANTENHA SEUS CUSTOS BAIXOS.

EXEMPLO: SOUTHWEST

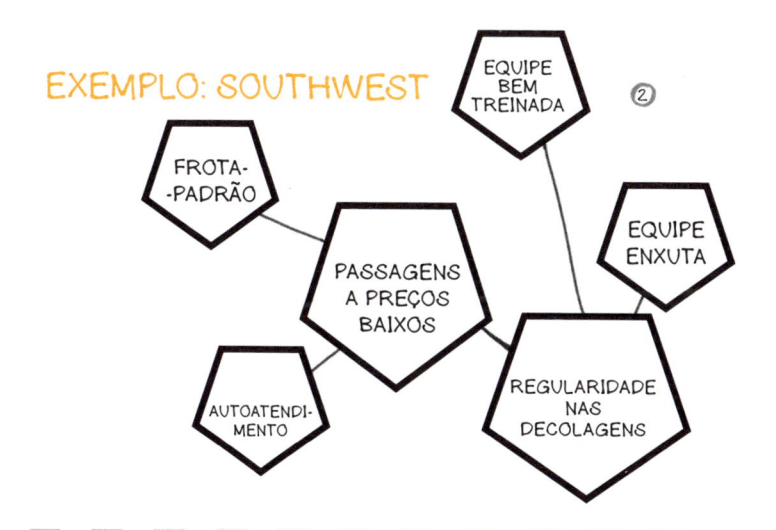

- FROTA-PADRÃO
- EQUIPE BEM TREINADA
- EQUIPE ENXUTA
- PASSAGENS A PREÇOS BAIXOS
- AUTOATENDIMENTO
- REGULARIDADE NAS DECOLAGENS

Uma empresa cria uma vantagem estratégica quando tem várias atividades interligadas que apoiam seu diferenciador principal. A Southwest conseguiu superar outras companhias aéreas de preços baixos por oferecer autoatendimento, possuir uma frota padronizada, trabalhar com uma equipe enxuta e bem treinada e manter regularidade nos voos.

COMO FAZER SUA EMPRESA SER COMO A DISNEY? TEM TUDO A VER COM ESTRATÉGIA.

PRODUTO, MENSAGEM DE MARKETING, POSICIONAMENTO, ATENDIMENTO AO CLIENTE, ETC.

=

EXPERIÊNCIA MÁGICA

OS CONSUMIDORES SÃO TÃO APAIXONADOS POR VOCÊ QUE FICAM IMUNES À CONCORRÊNCIA, TORNANDO-A IRRELEVANTE.

ANÁLISE DA CONCORRÊNCIA

É UM JOGO
JOGADORES: VOCÊ E SEU CONCORRENTE
AÇÃO: ENTRAR EM UM MERCADO NOVO
PRODUTO: CAMAS ELÁSTICAS
CUSTO DE PRODUÇÃO: R$ 75,00/UNIDADE

COMPRARIA 200 MIL UNIDADES A R$ 250,00 CADA

NOVO MERCADO INEXPLORADO

VENDAS MENOS CUSTO DE PRODUÇÃO

R$ 35.000.000
− R$ 12.000.000
R$ 23.000.000

CUSTO FIXO R$ 12.000.000
FÁBRICA

VALE A PENA?

PARE

CAMAS ELÁSTICAS "SALTITANTES"

QUEM SÃO OS CONCORRENTES EM POTENCIAL?

COLETE DADOS
FAÇA SUPOSIÇÕES

O JOGO PODE MUDAR
QUAIS SÃO OS CUSTOS FIXOS DELES?
QUAIS SÃO OS CUSTOS DE PRODUÇÃO DELES?
SE ELES ENTRAREM, SEU PREÇO DIMINUIRÁ?

Concorrentes mudam o jogo. Você pode pensar que está tudo certo em suas projeções, mas levou em consideração o que pode acontecer se mais alguém entrar no jogo? Isso mudaria seu preço de venda e teria impacto sobre seu lucro? É preciso analisar diversos cenários antes de ir em frente.

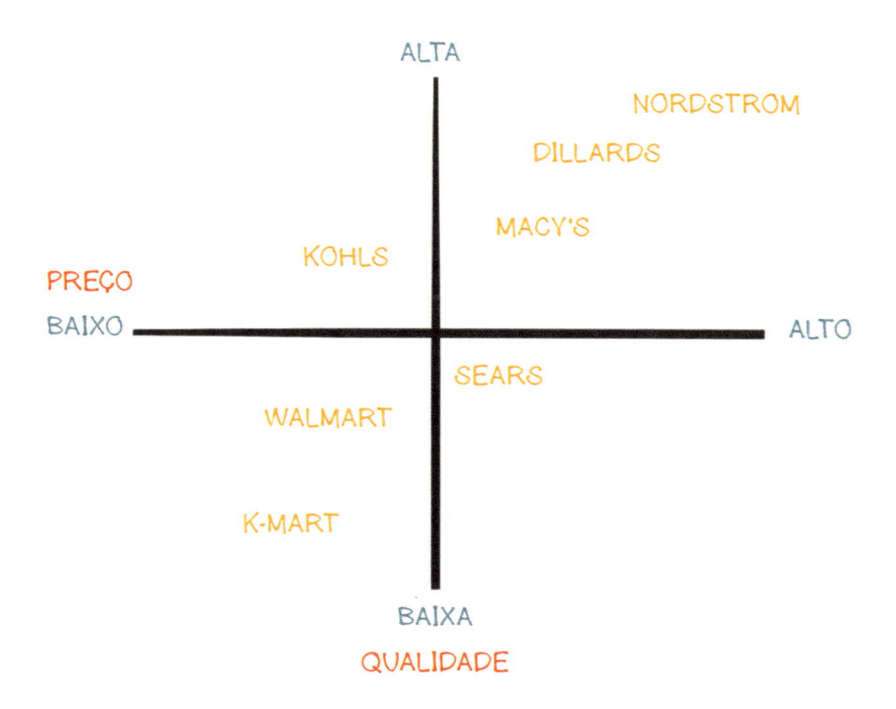

```
                    ALTA
                              NORDSTROM
                         DILLARDS
                    MACY'S
              KOHLS
PREÇO
BAIXO ─────────────────┼───────────────── ALTO
                         SEARS
           WALMART

           K-MART
                    BAIXA
                  QUALIDADE
```

PERSPECTIVA DOS CONSUMIDORES OU DA CONCORRÊNCIA

MODELO VRIO ③

Seu produto, serviço ou empresa é...

Valioso	Raro	caro para Imitar	Organizado
V —SIM→	R —SIM→	I —SIM→	O —SIM→ ✓ Vantagem competitiva sustentável
↓ NÃO	↓ NÃO	↓ NÃO	↓ NÃO
Desvantagem competitiva	Paridade competitiva	Vantagem competitiva temporária	Vantagem competitiva inutilizada

Submeter a sua ideia ao modelo VRIO pode ajudar a determinar se você terá ou não chance de manter uma vantagem competitiva.

OCEANO VERMELHO

LOTADO DE CONCORRENTES

- COMPETIR NO MERCADO EXISTENTE
- VENCER A CONCORRÊNCIA
- EXPLORAR A DEMANDA EXISTENTE

OCEANO AZUL

MAR ABERTO, ÁGUAS NUNCA ANTES NAVEGADAS

- CRIAR UM NOVO NICHO NO MERCADO
- TORNAR OS CONCORRENTES IRRELEVANTES
- CRIAR E CAPTURAR NOVAS DEMANDAS

VERSUS

CARROS DE LUXO
- CAROS
- MERCADO RESTRITO
- ALTO CUSTO DE PRODUÇÃO

MODELO T
- BARATO
- MERCADO AMPLO
- BAIXO CUSTO DE PRODUÇÃO

Existem dois tipos de estratégia no que diz respeito à concorrência: os oceanos vermelho e azul. O oceano vermelho é o que está tomado por concorrentes, como o caro cenário automotivo se apresentava antes da criação do Ford Modelo T. Henry Ford decidiu criar um espaço inexplorado no mercado com uma alternativa barata – e venceu.

ALIANÇAS

NECESSIDADE DE EXPANDIR OS NEGÓCIOS

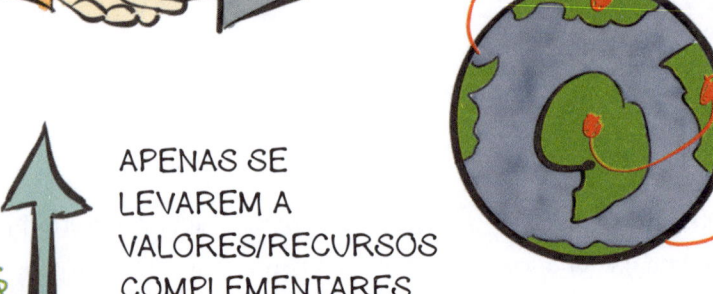

APENAS SE LEVAREM A VALORES/RECURSOS COMPLEMENTARES

MARCOS — 1 HORA - PRODUZEM — **JOÃO**
10 COPOS + 2 LIMÕES   2 COPOS + 10 LIMÕES

SEPARADOS

2 HORAS - PRODUZEM

20 COPOS   JUNTOS   20 LIMÕES

10 COPOS 10 LIMÕES NEGOCIAM 10 COPOS 10 LIMÕES

As alianças são essenciais para a expansão dos negócios, mas elas precisam acrescentar um valor que você não conseguiria criar sozinho. Se Marcos consegue fazer 10 copos e 2 limões em 1 hora e João, o oposto, é possível fazer uma aliança para produzir mais dos dois itens. Certifique-se de que o valor a ser agregado esteja claro e, acima de tudo, tenha um contrato que legalize esse vínculo.

VOCÊ PRECISA DE UM CONTRATO

COM SEUS ALIADOS
(PARCERIAS IGUALITÁRIAS NOS NEGÓCIOS).

VOCÊ CONSEGUE DEIXAR EVIDENTE
O VALOR QUE ELES AGREGAM?

CAPÍTULO ONZE
ÉTICA EMPRESARIAL

Ter ética empresarial significa mais do que simplesmente manter-se fora da prisão. Viver de maneira ética é mais gratificante e permite que você deixe um legado do qual possa se orgulhar.

Teste de transparência

Quando estiver em dúvida, pergunte-se: "Tudo bem se essa decisão aparecesse no jornal da televisão?" Se a resposta for não, não faça.

A EMOÇÃO
LEVA A UM RACIOCÍNIO DE CURTO PRAZO

Lembre-se de quem você quer ser

Uma atitude essencial é deixar de pensar a curto prazo e passar a pensar a longo prazo. A maioria dos problemas relacionados à ética surge das emoções, que nos fazem pensar a curto prazo. Você só precisa parar e lembrar quem você quer ser. Sua decisão vai reforçar ou afastar você dessa imagem?

PROCESSO de DECISÃO

Quando houver uma questão ética que mexa com suas emoções, use este passo a passo simples que vai ajudar você na tomada de decisão.

1 - Pare e pense

Não reaja. Primeiro, apenas pare e pense.

2 - Reúna fatos

Agora você pode reunir todos os fatos e informações. A decisão que você precisa tomar é crítica? Pode esperar? Quem são os envolvidos? O que está em jogo?

3 - Faça um brainstorming

Quanto melhores as alternativas disponíveis, melhores serão suas decisões. Reserve um tempo para fazer um *brainstorming* e pensar no maior número de soluções possível.

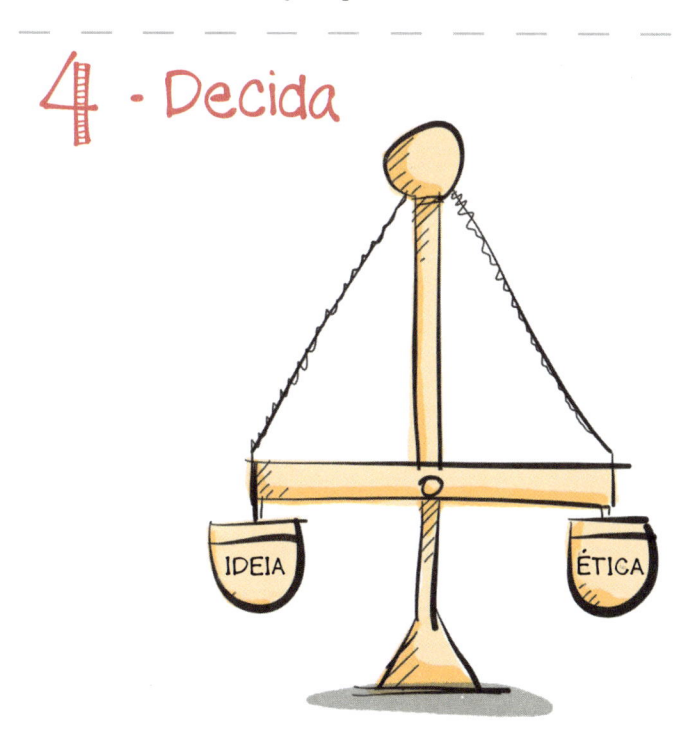

4 - Decida

Agora é hora de analisar sua decisão do ponto de vista ético. Pedir a opinião de outras pessoas ajuda a garantir que seu julgamento não seja parcial.

CAPÍTULO DOZE
FINANÇAS EMPREENDEDORAS

As finanças empreendedoras dizem respeito a criar valor o mais rápido possível por meio de uma série de atividades estratégicas.

Processo de finanças empreendedoras

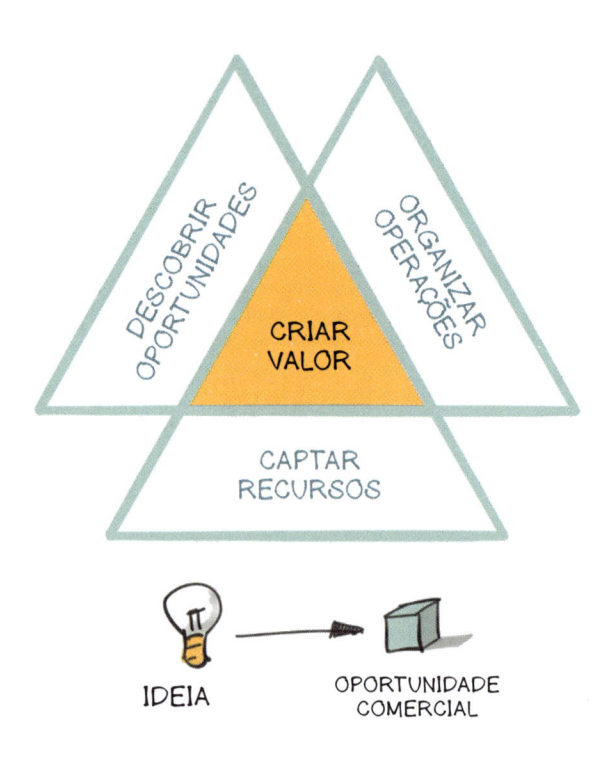

Diagrama: três triângulos sobrepostos rotulados DESCOBRIR OPORTUNIDADES, ORGANIZAR OPERAÇÕES e CAPTAR RECURSOS, com CRIAR VALOR no centro.

IDEIA → OPORTUNIDADE COMERCIAL

Qual é o seu OBJETIVO?

A COLHEITA

O objetivo sempre é a "colheita" e como chegar a ela o mais rápido possível.

88% DO SUCESSO DE EMPRESAS QUE CRESCEM RÁPIDO SE DEVEM À EXECUÇÃO EXCEPCIONAL DE IDEIAS SIMPLES

APOSTE NO JÓQUEI, NÃO NO CAVALO

JÓQUEI — EXECUÇÃO
CAVALO — IDEIA

EXECUÇÃO É FUNDAMENTAL

Existem milhares de oportunidades por aí. Cabe a você encontrá-las. A seguir apresento algumas fontes de oportunidades nas quais você deveria estar sempre de olho.

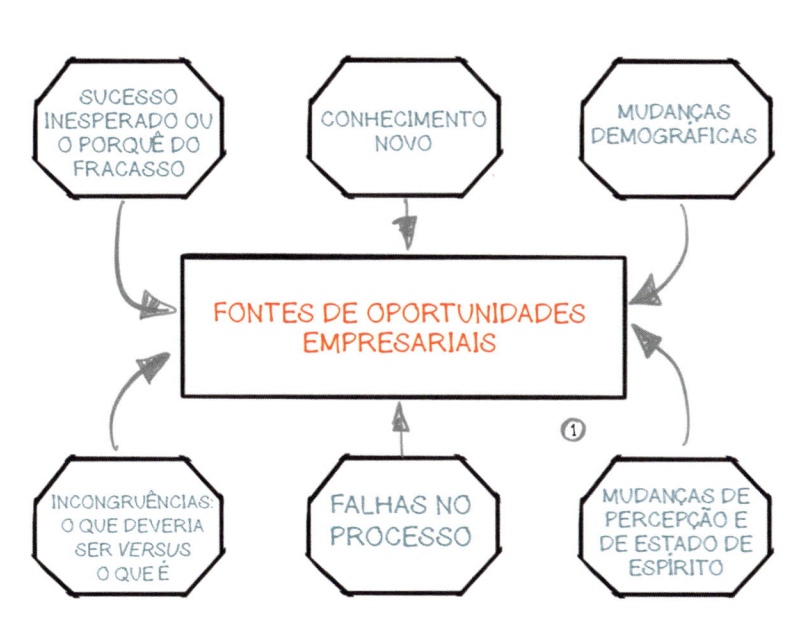

FONTES DE OPORTUNIDADES EMPRESARIAIS

- SUCESSO INESPERADO OU O PORQUÊ DO FRACASSO
- CONHECIMENTO NOVO
- MUDANÇAS DEMOGRÁFICAS
- INCONGRUÊNCIAS: O QUE DEVERIA SER *VERSUS* O QUE É
- FALHAS NO PROCESSO
- MUDANÇAS DE PERCEPÇÃO E DE ESTADO DE ESPÍRITO

①

Crie algo para resolver os problemas que surgem desses fatores.

Antes de mergulhar de cabeça na sua ideia, certifique-se de que ela seja viável. Você gastará muito tempo nela, então é melhor ter algum tipo de validação antes. Olhe para suas forças internas e externas, depois as mapeie com uma análise F.O.F.A. (conhecida também como S.W.O.T., da sigla em inglês).

IDEIA → VIABILIDADE ✓ → MODELO DE NEGÓCIO

- GERA RECEITA
- DÁ LUCRO
- PRODUZ FLUXO DE CAIXA DISPONÍVEL

① **FOFA**

F - ORÇAS
O - PORTUNIDADES
F - RAQUEZAS
A - MEAÇAS

EXTERNAS
① CONCORRÊNCIA EXISTENTE
② TAMANHO DO MERCADO POTENCIAL
③ PRODUTOS SUBSTITUTOS
④ POSSIBILIDADES DE NOVAS TECNOLOGIAS
⑤ MUDANÇAS NAS LEIS
⑥ MERCADO INTERNACIONAL

INTERNAS
① NECESSIDADES NÃO ATENDIDAS DO CLIENTE
② PROPRIEDADE INTELECTUAL
③ PIONEIRISMO
④ BAIXO CUSTO E/OU ALTA QUALIDADE
⑤ EXPERIÊNCIA / EXPERTISE
⑥ VALOR DA REPUTAÇÃO

	F	F
1		
2		
3		
4		
5		
6		
	O	A
1		
2		
3		
4		
5		
6		

Quando estiver pensando em um novo negócio, é muito útil realizar uma boa análise. Você pode fazer isso de duas formas: quantitativa e qualitativa. Quanto maior a nota alcançada, mais atraente o negócio será para os investidores.

ANÁLISE QUANTITATIVA

	ATRATIVIDADE POTENCIAL		
	ALTA 3	MÉDIA 2	BAIXA 1
TAMANHO DO MERCADO			
LUCRATIVIDADE			
VELOCIDADE DE "COLHEITA"			
HABILIDADE DA EQUIPE			
VIABILIDADE			

(Some os pontos e divida por 5. A nota final vai ficar entre 3 e 1. Quanto mais perto de 3, melhor.)

As análises quantitativa e qualitativa de um novo negócio eliminam as emoções e fornecem os dados de que você precisa para tomar decisões inteligentes. Primeiro faça uma análise quantitativa e veja quão perto de 3 você chega. Então procure a equipe de gestão e faça perguntas que revelem sua visão, seu conhecimento e seus planos para o futuro.

ANÁLISE QUALITATIVA
ENTREVISTE A EQUIPE DE GESTÃO

FUNDADOR — MARKETING — OPERACIONAL — FINANCEIRO

- FUNDADOR → VISÃO GERAL
- MARKETING → CONHECIMENTO DO CONSUMIDOR
- OPERACIONAL → PRODUÇÃO
- FINANCEIRO → PREVISÕES FINANCEIRAS

MELHORES PRÁTICAS PARA CRESCIMENTO ELEVADO

PRÁTICAS DE MARKETING

- DESENVOLVER O MELHOR PRODUTO OU SERVIÇO
- PRODUTO OU SERVIÇO DE ALTA QUALIDADE
- O PRODUTO DEMANDA PREÇOS MAIS ALTOS
- DISTRIBUIÇÃO EFICIENTE E ATENDIMENTO DE QUALIDADE

PRÁTICAS FINANCEIRAS

- PREPARAR PLANEJAMENTOS FINANCEIROS MENSAIS DETALHADOS E PLANEJAMENTOS FINANCEIROS ANUAIS PARA OS PRÓXIMOS 5 ANOS
- ADMINISTRAR DE MANEIRA EFICIENTE OS ATIVOS DA EMPRESA, SEUS RECURSOS FINANCEIROS E SEU DESEMPENHO OPERACIONAL

PRÁTICAS DE GESTÃO

- MONTAR UMA EQUIPE DE GESTÃO EQUILIBRADA TANTO NAS ÁREAS FUNCIONAIS QUANTO NO CONHECIMENTO DO SETOR
- TOMAR DECISÕES DE MANEIRA COLABORATIVA

PLANO DE NEGÓCIOS

ISTO É PARA VOCÊ

(FAZ VOCÊ PENSAR EM TODAS AS ÁREAS)

CICLO DE VIDA DA CAPTAÇÃO

- DESENVOLVIMENTO — INVESTIMENTO SEMENTE (SEED)
- LANÇAMENTO — FINANCIAMENTO INICIAL (STARTUP)
- CRESCIMENTO — PRIMEIRA RODADA
- EXPANSÃO — SEGUNDA RODADA
  FINANCIAMENTO MEZANINO
  ESTÁGIO DE LIQUIDEZ
- MATURIDADE (SAÍDA POTENCIAL) — OBTER EMPRÉSTIMOS BANCÁRIOS
  EMITIR TÍTULOS
  EMITIR AÇÕES

Qualquer novo negócio passa por cinco etapas relacionadas à captação de recursos. A primeira delas é o desenvolvimento inicial, com capital semente, para colocar você em movimento até chegar ao começo da maturidade.

CAPITAL DE RISCO

EMPREENDEDOR

INVESTIDOR DE RISCO
(*VENTURE CAPITALIST*)
INTERMEDIÁRIO

INVESTIDOR

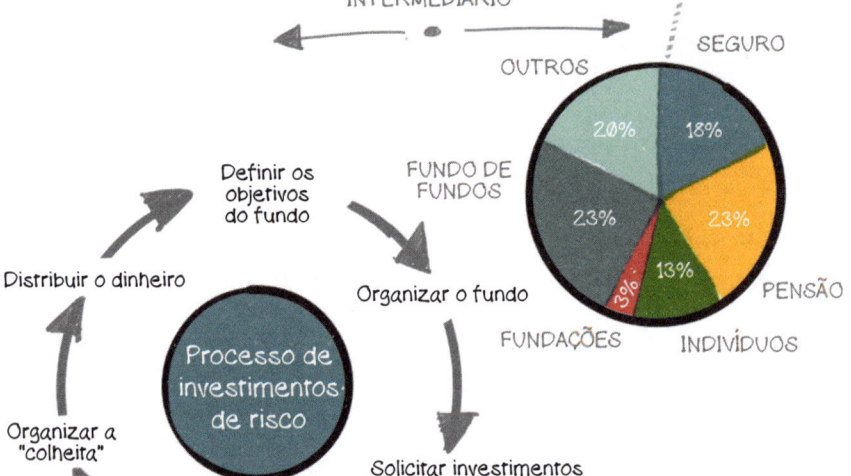

FUNDO DE FUNDOS

SEGURO 18%
PENSÃO 23%
INDIVÍDUOS 13%
FUNDAÇÕES 3%
23%
OUTROS 20%

Processo de investimentos de risco

- Definir os objetivos do fundo
- Organizar o fundo
- Solicitar investimentos
- Obter compromissos
- Pesquisar e investir
- Organizar a "colheita"
- Distribuir o dinheiro

REMUNERAÇÃO TÍPICA

20 - 2

20% DE LUCRO
CONHECIDO COMO PARTICIPAÇÃO NOS RESULTADOS

2% DE RETORNO ANUAL

A DIVERSIDADE DE OPINIÕES DA COMUNIDADE DE INVESTIMENTOS DE RISCO É ESSENCIAL PARA O SUCESSO.

A MAIORIA DOS INVESTIDORES DE RISCO GASTA **6** MINUTOS NA ANÁLISE INICIAL

INVESTIDORES DE RISCO SE IMPORTAM COM:
EQUIPE DE GESTÃO E MERCADO

FINANCIAMENTO

LIMONADA

É MELHOR CUSTEAR POR MEIO DA VENDA DE COTAS (APESAR DE VOCÊ TER QUE ABRIR MÃO DA PROPRIEDADE)

OBJETIVO

RETORNO DE **3**x
OU
RETORNO DE **6**x

CONTRATO

ESTIMATIVA DO INVESTIDOR DE RISCO

Investidores de risco (do inglês "venture capitalists") procuram um retorno de 3 a 6 vezes do investimento e sempre querem fazer um contrato. Lembre-se sempre de que, no mundo de *private equity* (ou participações privadas), sua reputação é tudo. Seja honesto e entregue o que prometeu.

PRIVATE EQUITY

REPUTAÇÃO
É TUDO

Entidades empresariais

Ao começar um negócio, é importante saber os prós e os contras dos diferentes tipos de entidade empresarial para escolher a sua. Cada uma pode ter implicações importantes no que diz respeito à sua exposição a riscos e à tributação. A seguir apresento algumas delas:

Empresário individual – EI

É uma modalidade simples e bastante comum. Sem personalidade jurídica, nela não há sócios nem distinção entre proprietário e negócio. Mas essa simplicidade vem com um risco: não havendo separação entre o empreendimento e o dono, seus bens pessoais estarão em risco caso alguém processe você.

EIRELI

Significa Empresa Individual de Responsabilidade Limitada. Essa modalidade combina características de empresário individual e de uma sociedade limitada. Não há sócios, mas a responsabilidade do empresário fica limitada ao capital social da empresa, a não ser nas exceções previstas também para as sociedades limitadas. Normalmente é uma opção melhor do que ser um empresário individual por criar uma separação legal entre proprietário e negócio.

Sociedade Empresária Limitada - Ltda.

Nela deve haver dois ou mais sócios, que ficam responsáveis pelas partes administrativa e financeira na proporção do capital que cada um investir e que é especificado no contrato social. Nessa modalidade, as dívidas da firma ficam atreladas a seu CNPJ, não aos sócios, porém a Justiça pode exigir que eles respondam com os bens pessoais caso se comprovem má-fé, sonegação fiscal, confusão patrimonial, estelionato, fraude, dívidas trabalhistas, etc.

Sociedade anônima

Na sociedade anônima, o capital social é dividido em ações. A empresa pode ter capital aberto (vender ações na bolsa de valores) ou fechado (as ações são divididas internamente, entre convidados e interessados, sem possibilidade de compra pelo público geral). Essa modalidade possibilita mais meios para arrecadar fundos e a responsabilidade dos sócios é limitada ao capital social.

5 C'S DO CRÉDITO

Os 5 C's do crédito são os elementos que os credores usam para avaliar potenciais tomadores de empréstimo (mutuários).

① CARÁTER
HISTÓRICO DE CRÉDITO E REPUTAÇÃO

O CARÁTER também pode ser chamado de histórico de crédito. São as informações sobre os relatórios de crédito do mutuário. Esses relatórios mostram quanto você já pegou emprestado e se você pagou suas dívidas na data certa ou não.

② CAPACIDADE
POSSIBILIDADE DE PAGAR

CAPACIDADE é a avaliação de suas probabilidades de pagar o empréstimo. É uma comparação entre sua renda atual e as suas dívidas recorrentes. Ao fazer essa análise, os credores também analisam há quanto tempo você está em seu emprego/atividade atual.

③ CAPITAL
CONTRIBUIÇÃO DO MUTUÁRIO

CAPITAL é o que você, como mutuário, já está colocando no investimento. Isso ajuda os credores a se sentirem mais seguros de que você não deixará de pagar sua dívida.

④ COLATERAL
BENS OFERECIDOS COMO GARANTIA PELO MUTUÁRIO

COLATERAL, ou garantia, são os ativos que você oferece para a eventualidade de não conseguir pagar o empréstimo. Isso dá ao credor a opção de vender os seus bens para ter de volta o dinheiro investido.

⑤ CONDIÇÕES
COMO O MUTUÁRIO VAI USAR O DINHEIRO

As CONDIÇÕES incluem a quantia emprestada, a taxa de juros e como o mutuário pretende usar o dinheiro. Quanto mais claro e focado o objetivo, maiores as chances de o empréstimo ser aprovado.

CAPÍTULO TREZE
JULGAMENTO E TOMADA DE DECISÃO

Decisões afetam sua vida e precisam ser tomadas todos os dias. Aprenda a decidir melhor para alcançar resultados espetaculares.

QUANDO VOCÊ PRECISAR TOMAR UMA DECISÃO FAÇA UMA ANÁLISE

- **P** - PROBLEMA
- **O** - OBJETIVOS
- **A** - ALTERNATIVAS
- **C** - CONSEQUÊNCIAS
- **R** - RENÚNCIAS ①

NOSSO SUCESSO DEPENDE DAS DECISÕES QUE TOMAMOS

MESMO AS DECISÕES MAIS COMPLEXAS PODEM SER TOMADAS COM ESSE PROCESSO

Esse modelo funciona de verdade. É muito simples, mas pode acelerar o processo de tomada de decisão de maneira significativa e ajudar você a chegar aonde quer.

P CONCENTRE-SE EM RESOLVER O PROBLEMA **CERTO**

Este é o passo mais importante. Elabore muito bem o problema e certifique-se de que seja a questão CERTA a ser resolvida. Por exemplo, veja a diferença entre "Em qual academia devo me inscrever?" e "Como devo melhorar minha saúde?".

O LISTE TODOS OS SEUS **OBJETIVOS**

Um a um, repasse seus objetivos. Pergunte-se: o que quero com isso? Por quê? Você pode se surpreender com a resposta.

A PENSE EM **ALTERNATIVAS**

Esta parte é muito importante. Quanto melhores forem suas alternativas, mais bem-sucedida será sua decisão. Dedique algum tempo a imaginar opções diversas.

C OBJETIVOS | **ALTERNATIVAS**

RANQUEIE COM NOTAS DE 1 A 3
(BAIXA) (ALTA)

Para avaliar as consequências, mapeie em uma planilha seus objetivos na coluna da esquerda e todas as alternativas na coluna ao lado, na mesma linha. Então repasse as opções e atribua notas de 1 a 3 a elas, baseadas em quão bem atingem cada objetivo. Isso será um ótimo indicador do caminho a seguir.

® Renúncias

	Carro 1	Carro 2	Carro 3
Conforto	3	3	2
Espaço	2	3	2
Beleza	2	3	3
Economia	1	1	3
Condições	3	1	3
Preço	2	1	3

A esta altura, deve estar bastante claro qual opção escolher, mas é bom dar uma olhada naquilo de que você terá que abrir mão para ver qual a alternativa mais vantajosa.

A PRÁTICA FAZ O HÁBITO

TACO DE GOLFE NOVO. PRATIQUE O SWING 100 VEZES. PARECE ESTRANHO NO COMEÇO, MAS DEPOIS SE TORNA NATURAL.

Este é um ótimo modelo para ajudar você a tomar decisões melhores, mas não é algo natural. Porém, com a prática consciente, vai se tornar espontâneo para você. Pratique, pratique e pratique mais.

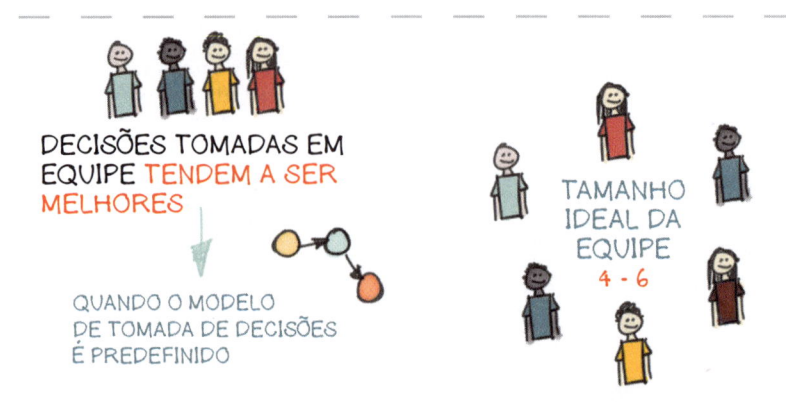

DECISÕES TOMADAS EM EQUIPE TENDEM A SER MELHORES

QUANDO O MODELO DE TOMADA DE DECISÕES É PREDEFINIDO

TAMANHO IDEAL DA EQUIPE 4 - 6

Quantas vezes você já passou por uma situação em que as pessoas correram para resolver um problema e logo depois descobriram que era o problema errado? Esse é um erro que acontece mais do que gostaríamos. A seguir, veja algumas armadilhas comuns em que todos caímos. Fique atento.

ARMADILHAS

- FALTA DE UM MODELO DE JULGAMENTO SIMPLES, EFICIENTE E COMPARTILHADO POR TODOS

- PRESSA EM RESOLVER
  ACABAMOS RESOLVENDO O PROBLEMA ERRADO

- NÃO ESPECIFICAR, ARTICULAR E AVALIAR O GATILHO DA DECISÃO
- AQUILO QUE DEIXA VOCÊ CONSCIENTE DO PROBLEMA
  DICA: PODERIA SER UMA ALTERNATIVA DISFARÇADA DE PROBLEMA

PARE — "ISTO É UM PROBLEMA MESMO OU UMA ALTERNATIVA?"
O RECRUTADOR LIGA. ACEITAR O EMPREGO?
ISSO NÃO É UM PROBLEMA!

A PERGUNTA MÁGICA

ECONOMIZAR PARA A APOSENTADORIA
POR QUÊ?
.
.
PASSAR TEMPO COM A FAMÍLIA
(OBJETIVO REAL)

MEIOS PARA CHEGAR A UM FIM

POR QUÊ?
ÓTIMO TESTE PARA VALIDAR OS OBJETIVOS

Todos nós enxergamos o mundo a partir de pontos de vista próprios. Quanto mais você conseguir olhar ao redor usando a perspectiva do outro, melhor para você.

RECORTES DE JULGAMENTO

VEJA A SITUAÇÃO A PARTIR DE DIVERSAS PERSPECTIVAS

IDENTIFIQUE: SEU RECORTE, OS RECORTES DOS OUTROS.

VISUALIZE OS PROBLEMAS A PARTIR DE RECORTES VARIADOS E SELECIONE AS MELHORES IDEIAS

É DIFÍCIL. DISSONÂNCIA COGNITIVA. PERMITA-SE DISCORDAR DEPOIS. (EXEMPLO: VOTO FACULTATIVO)

Não é fácil, mas você consegue se praticar um pouco. Escolha um assunto complicado sobre o qual você não concorda e permita-se vê-lo a partir da perspectiva oposta. Quanto mais pontos de vista você analisar, mais informado estará para tomar a melhor decisão.

Há duas maneiras de pensar: sistema 1 e sistema 2. Em geral nossas mentes operam no primeiro porque é o mais rápido e simples. Mas operar sempre nesse sistema pode ser perigoso quando se trata de decisões difíceis. As duas melhores maneiras de combater isso são estar atento aos diversos vieses e seguir um método estruturado de resolução de problemas.

SISTEMAS DE PENSAMENTO:
SISTEMA 1
RÁPIDO, POUCO ESFORÇO (ENVIESADO)
SISTEMA 2
DIFÍCIL, REQUER ENERGIA

AS LINHAS SÃO DO MESMO COMPRIMENTO

NOSSO SISTEMA DE PENSAMENTO 1 NOS FAZ CRER QUE UMA DELAS É MAIS LONGA

AO PERCORRER UM CAMINHO CONHECIDO, O SISTEMA 1 ESTÁ EM AÇÃO

HEURÍSTICA E VIESES

① HEURÍSTICA DA DISPONIBILIDADE

② HEURÍSTICA DA REPRESENTATIVIDADE

③ TEORIA DA PERSPECTIVA

④ ANCORAGEM E AJUSTES INSUFICIENTES

⑤ EXCESSO DE CONFIANÇA

⑥ ARGUMENTAÇÃO MOTIVADA

HEURÍSTICA DA DISPONIBILIDADE ③
AS PESSOAS BASEIAM SUAS PREVISÕES NA FACILIDADE COM QUE UM EXEMPLO PODE SER LEMBRADO

PRIMAZIA
MAIOR PESO NA INFORMAÇÃO INICIAL

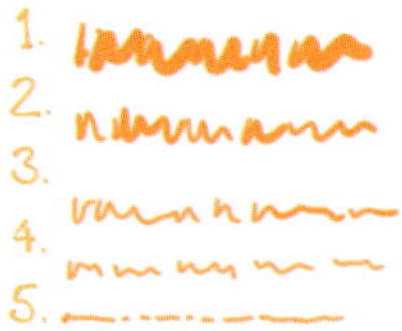

ATUALIDADE
MAIOR PESO NA INFORMAÇÃO MAIS RECENTE

SUBSTITUIÇÃO
OS NÚMEROS SE TORNAM A ESTRATÉGIA

HEURÍSTICA DA REPRESENTATIVIDADE ④
AS PESSOAS JULGAM A PROBABILIDADE DA OCORRÊNCIA DE UM EVENTO PELA FREQUÊNCIA COM QUE ELE APARECE NOS DADOS

IGNORAR AS TAXAS DE BASE
A PESSOA ANALISA UMA PROBABILIDADE SEM LEVAR EM CONSIDERAÇÃO A TAXA DE BASE

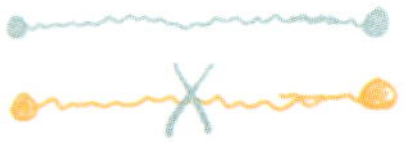

FALÁCIA DO APOSTADOR
COM TRÊS CARAS EM SEQUÊNCIA, ESPERAMOS POR UMA COROA

FALÁCIA DO DIA DE SORTE
ACREDITAMOS QUE O ALEATÓRIO É SEMPRE ALEATÓRIO; QUANDO ISSO NÃO ACONTECE, ENCARAMOS COMO NOSSO DIA DE SORTE

CORRELAÇÕES ILUSÓRIAS E INVISÍVEIS
1, 19, 152, 99, 107

VEMOS CORRELAÇÕES QUANDO ELAS NÃO EXISTEM OU NÃO AS VEMOS QUANDO ESTÃO LÁ

TEORIA DA PERSPECTIVA ⑤
AS PESSOAS TÊM AVERSÃO A PERDAS. PREFEREM EVITAR PERDER A TENTAR GANHAR. ISSO AS LEVA A SE ARRISCAR NO ÂMBITO DAS PERDAS E A TER AVERSÃO AO RISCO NO CAMPO DOS GANHOS

AVERSÃO A PERDAS
PREFERE ATENUAR O RISCO DE PERDA A BUSCAR GANHOS

EFEITO DISPOSIÇÃO
SEGURA POR MAIS TEMPO AS AÇÕES COM PREJUÍZO DO QUE AS RENTÁVEIS

EFEITOS DE ENQUADRAMENTO
A MANEIRA COMO O PROBLEMA É FORMULADO INFLUENCIA A DECISÃO

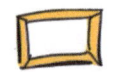

PREOCUPAÇÕES COM A JUSTIÇA
PESSOAS TOMAM DECISÕES IRRACIONAIS DO PONTO DE VISTA ECONÔMICO PARA EVITAR INJUSTIÇAS

ANCORAGEM E AJUSTES INSUFICIENTES ⑥
NA HORA DE TOMAR DECISÕES, AS PESSOAS TENDEM A CONFIAR DEMAIS NA "ÂNCORA" NUMÉRICA (MESMO QUE OS NÚMEROS SEJAM ALEATÓRIOS)

A MALDIÇÃO DO CONHECIMENTO
AS PESSOAS TÊM DIFICULDADE EM SE COMPORTAR COMO ERAM ANTES DE OBTER INFORMAÇÕES

VIÉS RETROSPECTIVO
AS PESSOAS NÃO SE LEMBRAM BEM DE COMO ERA UMA SITUAÇÃO INCERTA ANTES DA CONSEQUÊNCIA

EXCESSO DE CONFIANÇA ⑦
AS PESSOAS TENDEM A SER EXTREMAMENTE CONFIANTES EM SUAS PREVISÕES

"TENHO 99% DE CERTEZA!"

"ELES NÃO CONSEGUIRIAM ACERTAR UM ELEFANTE DESTA DISTÂN..." - GENERAL JOHN B. SEDGWICK, EM SUAS ÚLTIMAS PALAVRAS ANTES DE SER ATINGIDO PELO EXÉRCITO INIMIGO

ARGUMENTAÇÃO MOTIVADA ⑧
AS PESSOAS TENDEM A AVALIAR OS DADOS DE ACORDO COM AS PRÓPRIAS PREFERÊNCIAS

ESPERANÇA
AS PESSOAS CRIAM CRENÇAS BASEADAS NO QUE GOSTARIAM QUE ACONTECESSE EM VEZ DE SE PAUTAR PELAS EVIDÊNCIAS

VIÉS DE CONFIRMAÇÃO
BUSCAM EVIDÊNCIAS QUE CONFIRMEM SUAS HIPÓTESES E COLOCAM MAIS PESO NISSO DO QUE EM DADOS QUE AS CONTRARIEM

VIÉS DE INFORMAÇÃO
A BUSCA POR INFORMAÇÃO NOS LEVA A COLOCAR MAIS PESO NISSO

FALÁCIA DOS CUSTOS IRRECUPERÁVEIS
QUANTO MAIOR O CUSTO IRRECUPERÁVEL, MAIOR A PROBABILIDADE DE AS PESSOAS MANTEREM A ROTA

GRUPOS
EM GERAL, JULGAM MELHOR

① PREPARAÇÃO
INDIVÍDUOS GERAM IDEIAS DE ANTEMÃO

② DISCUSSÃO

PRIMEIRA RODADA
AS IDEIAS SÃO COMPARTILHADAS SEM CRÍTICAS NEM CONFLITOS

SEGUNDA RODADA
COMPARTILHAM-SE AS IDEIAS GERADAS PELA PRIMEIRA RODADA

ÚLTIMA RODADA
DISCUSSÃO FRANCA PARA PRIORIZAR AS IDEIAS

CAPÍTULO CATORZE
O PAPEL DO GERENTE

A administração geral está ligada à resolução de problemas e pendências, sempre com um conhecimento limitado. Para facilitar esse processo, você precisa ajudar a equipe a encarar os obstáculos a partir da perspectiva correta e guiá-la para que os vença.

RESOLVER PROBLEMAS — LIDAR COM PENDÊNCIAS

CLIENTE: "COMO PODEMOS FAZER OS JOVENS ASSINAREM?"

VOCÊ: "POR QUÊ?"

"PORQUE NOSSA RECEITA ESTÁ CAINDO."

ARRÁ!

"OK. TALVEZ A PERGUNTA CORRETA SEJA: 'POR QUE NOSSA RECEITA ESTÁ CAINDO?'"

Elementos básicos da resolução de problemas

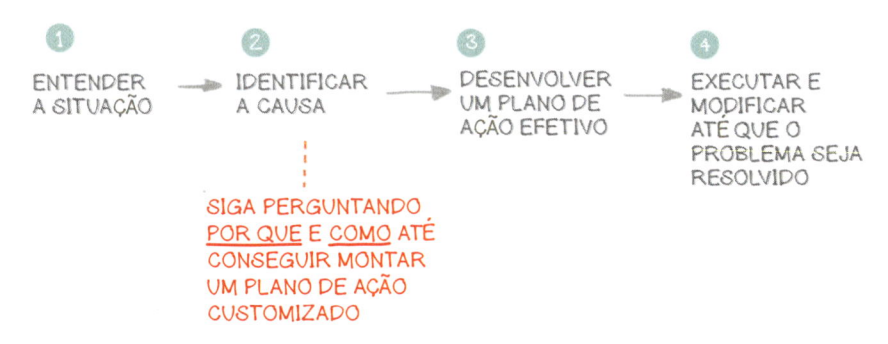

1. ENTENDER A SITUAÇÃO → 2. IDENTIFICAR A CAUSA → 3. DESENVOLVER UM PLANO DE AÇÃO EFETIVO → 4. EXECUTAR E MODIFICAR ATÉ QUE O PROBLEMA SEJA RESOLVIDO

SIGA PERGUNTANDO POR QUE E COMO ATÉ CONSEGUIR MONTAR UM PLANO DE AÇÃO CUSTOMIZADO

A estruturação do problema começa por uma definição SMART dele. A partir disso, desenvolve-se uma árvore de decisão com todas as respostas possíveis para a pergunta.

ESTRUTURAÇÃO DO PROBLEMA

"MINHA MAIOR QUALIDADE COMO CONSULTOR É SER IGNORANTE E FAZER ALGUMAS PERGUNTAS."
— PETER DRUCKER

APRENDER A FAZER ÓTIMAS PERGUNTAS.

PROBLEMA FUNDAMENTAL

DEFINIÇÃO **SMART** DO PROBLEMA ①

- E**S**PECIFICÁVEL
- **M**ENSURÁVEL
- A**T**INGÍVEL
- **R**ELEVANTE
- TEMPO**R**AL

COMO DOBRAR O FATURAMENTO DA BARRACA DE LIMONADA?

POR QUE AS PESSOAS NÃO VÊM COMPRAR?

- NÃO NOS CONHECEM
  - NUNCA OUVIRAM FALAR DE NÓS
  - OUVIRAM, MAS NÃO DERAM ATENÇÃO
- ELAS NOS CONHECEM
  - JÁ COMPRARAM
    - COMPRARAM + DE UMA VEZ
    - COMPRARAM UMA VEZ
  - NUNCA COMPRARAM

ÁRVORE DE DECISÃO

Depois de montar sua árvore de decisão, comece a testar as pressuposições e reunir dados, cortando também os galhos inadequados. Isso ajuda você a chegar à raiz da questão e a se aproximar de soluções reais.

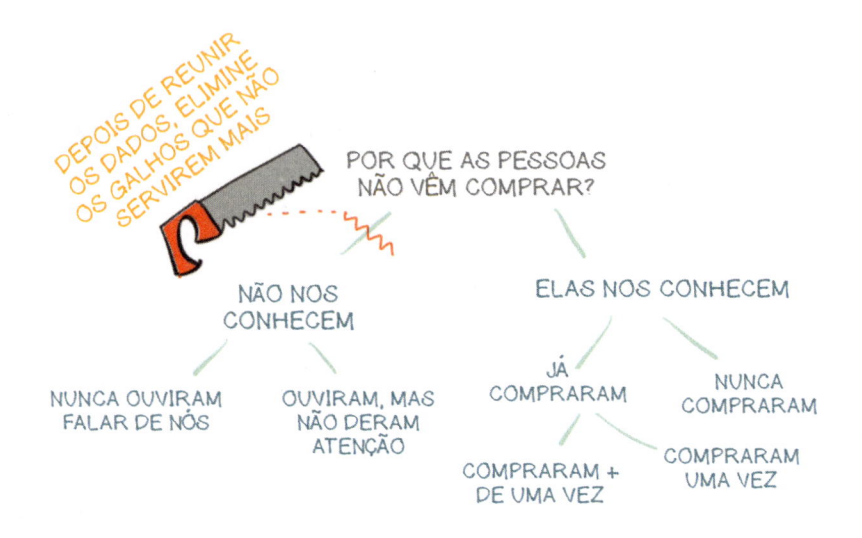

DEPOIS DE REUNIR OS DADOS, ELIMINE OS GALHOS QUE NÃO SERVIREM MAIS

POR QUE AS PESSOAS NÃO VÊM COMPRAR?

NÃO NOS CONHECEM

ELAS NOS CONHECEM

NUNCA OUVIRAM FALAR DE NÓS

OUVIRAM, MAS NÃO DERAM ATENÇÃO

JÁ COMPRARAM

NUNCA COMPRARAM

COMPRARAM + DE UMA VEZ

COMPRARAM UMA VEZ

É importante focar na raiz do problema. Mire em um objetivo que tenha o maior benefício com o menor custo.

META

RESOLVER O PROBLEMA COM
MAIOR BENEFÍCIO
+
MENOR CUSTO

Como consultor, você precisa dar bons conselhos. Veja abaixo um fluxo básico de aconselhamento de clientes.

BONS CONSELHOS

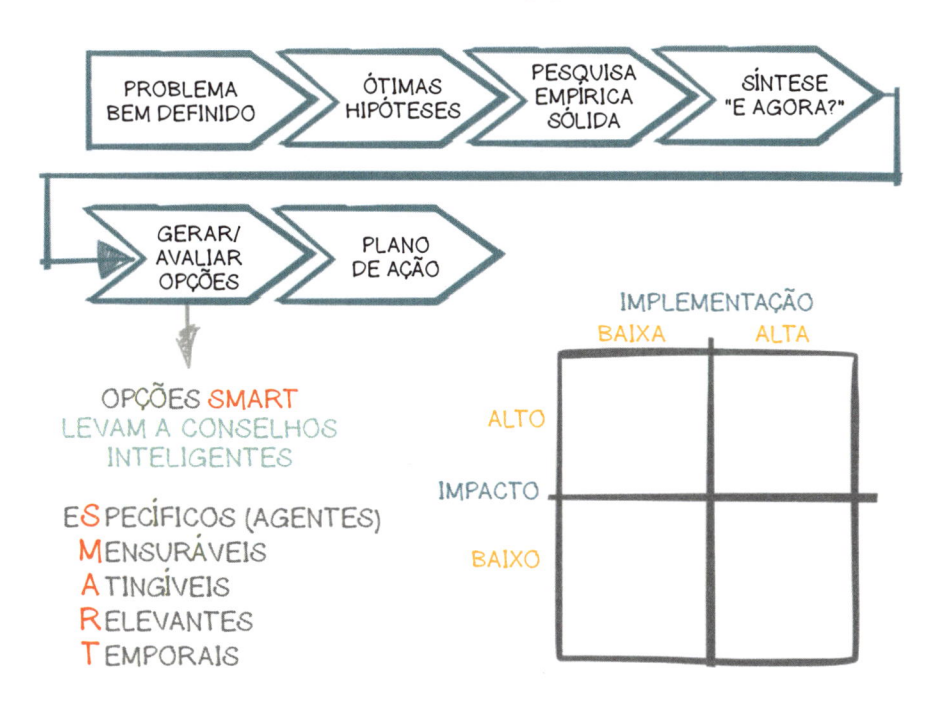

PROBLEMA BEM DEFINIDO → ÓTIMAS HIPÓTESES → PESQUISA EMPÍRICA SÓLIDA → SÍNTESE "E AGORA?" → GERAR/AVALIAR OPÇÕES → PLANO DE AÇÃO

OPÇÕES SMART LEVAM A CONSELHOS INTELIGENTES

ESPECÍFICOS (AGENTES)
MENSURÁVEIS
ATINGÍVEIS
RELEVANTES
TEMPORAIS

IMPLEMENTAÇÃO: BAIXA / ALTA
IMPACTO: ALTO / BAIXO

POR QUE APRENDER SOBRE MUDANÇAS?

SOLUÇÕES ÓTIMAS PODEM FALHAR SE A EMPRESA NÃO ESTIVER PRONTA

PLANO/PRODUTO NOVO!

NÃO! NÃO! NÃO! NÃO!

95% DAS PESSOAS QUE FAZEM DIETAS PARA EMAGRECER RECUPERAM O PESO DE DOIS A TRÊS ANOS DEPOIS

2-3 ANOS

PERDER PESO = MUDANÇA

PESSOAS **ODEIAM** MUDANÇA

COGNITIVO/RACIONAL

AFETIVO/EMOCIONAL

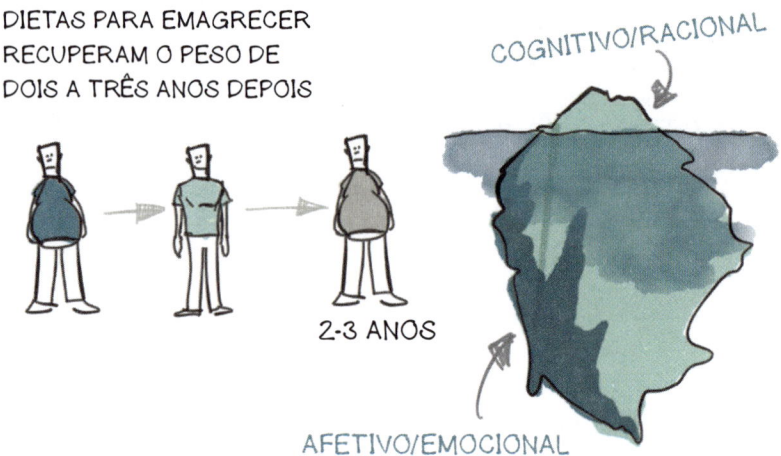

Mudar afeta as emoções. Encontre maneiras de guiar as mudanças para a direção certa. Por exemplo: em vez de diminuir a quantidade de comida, comece a usar pratos menores.

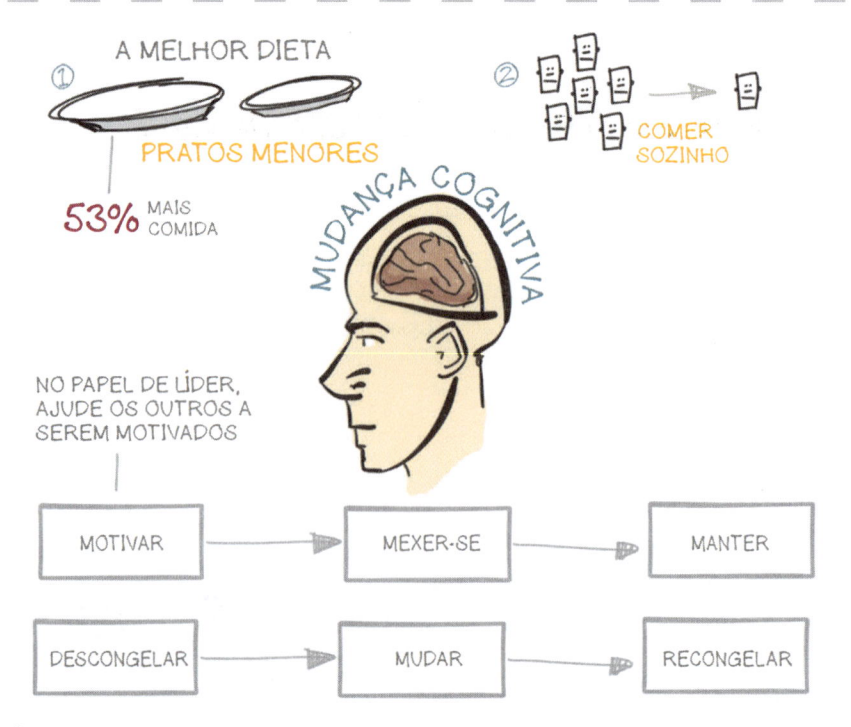

---

① A MELHOR DIETA
PRATOS MENORES
53% MAIS COMIDA

② COMER SOZINHO

MUDANÇA COGNITIVA

NO PAPEL DE LÍDER, AJUDE OS OUTROS A SEREM MOTIVADOS

MOTIVAR → MEXER-SE → MANTER

DESCONGELAR → MUDAR → RECONGELAR

Para incentivar as pessoas a mudar, você precisa ajudá-las a enxergar e sentir a importância da mudança.

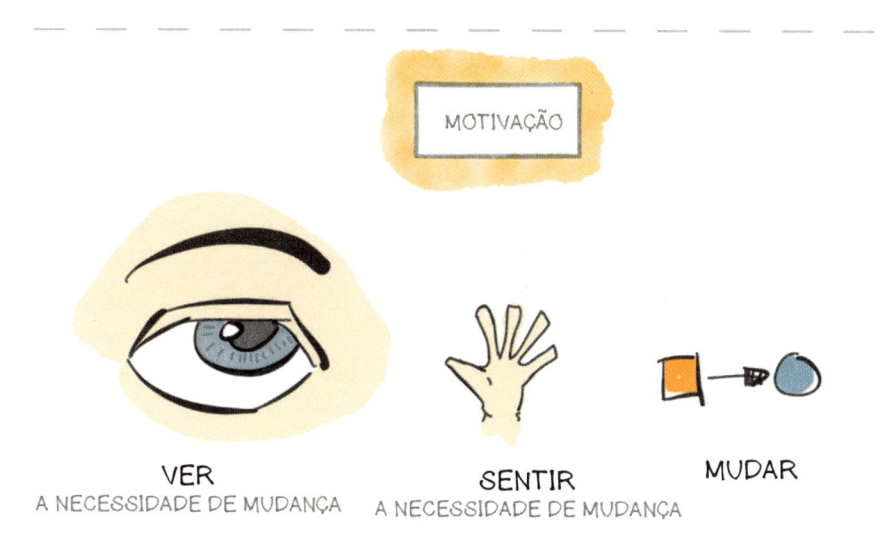

MOTIVAÇÃO

VER
A NECESSIDADE DE MUDANÇA

SENTIR
A NECESSIDADE DE MUDANÇA

MUDAR

A oportunidade para mudar surge do descongelamento das coisas como costumavam ser. A mudança exige que o passado tenha fim, o que leva primeiro a um período de zona neutra e, depois, a um novo começo.

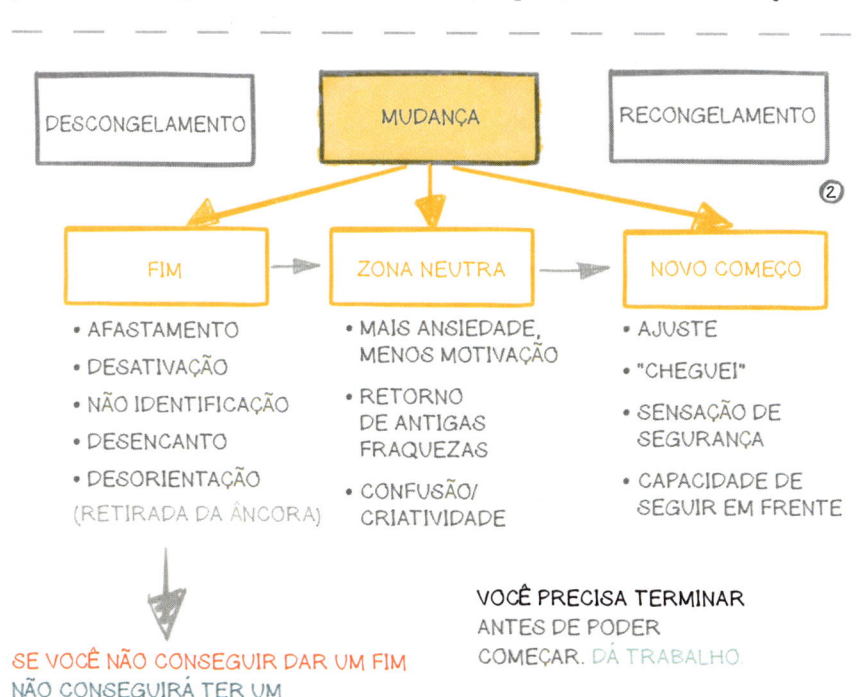

DESCONGELAMENTO → MUDANÇA → RECONGELAMENTO

FIM
- AFASTAMENTO
- DESATIVAÇÃO
- NÃO IDENTIFICAÇÃO
- DESENCANTO
- DESORIENTAÇÃO
(RETIRADA DA ÂNCORA)

ZONA NEUTRA
- MAIS ANSIEDADE, MENOS MOTIVAÇÃO
- RETORNO DE ANTIGAS FRAQUEZAS
- CONFUSÃO/ CRIATIVIDADE

NOVO COMEÇO
- AJUSTE
- "CHEGUEI"
- SENSAÇÃO DE SEGURANÇA
- CAPACIDADE DE SEGUIR EM FRENTE

SE VOCÊ NÃO CONSEGUIR DAR UM FIM NÃO CONSEGUIRÁ TER UM NOVO COMEÇO.

VOCÊ PRECISA TERMINAR ANTES DE PODER COMEÇAR. DÁ TRABALHO.

TEMPO →

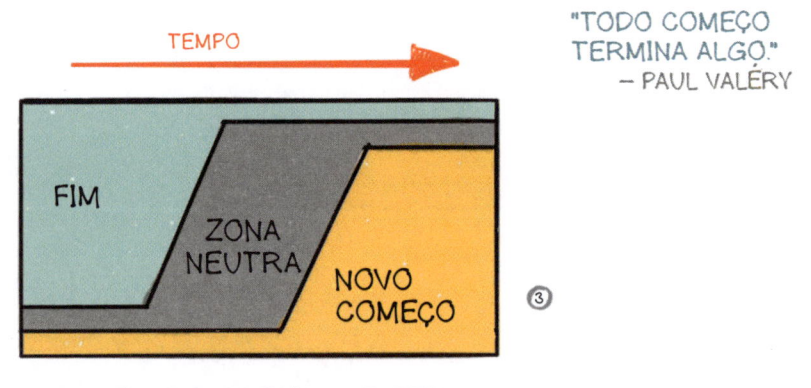

"TODO COMEÇO
TERMINA ALGO."
— PAUL VALÉRY

FIM | ZONA NEUTRA | NOVO COMEÇO ③

AS PESSOAS PRECISAM FAZER
OS 3 AO MESMO TEMPO

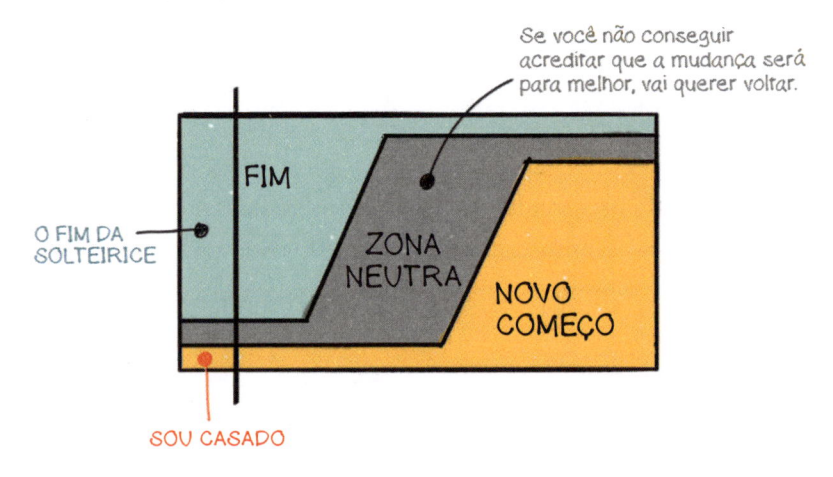

Se você não conseguir acreditar que a mudança será para melhor, vai querer voltar.

O FIM DA SOLTEIRICE

FIM | ZONA NEUTRA | NOVO COMEÇO

SOU CASADO

Um bom exemplo disso é quando uma pessoa se casa. O casamento é um novo começo e requer que marido e esposa finalizem o passado, deixem para trás a vida de solteiros com que estavam confortáveis. Isso faz com que ambos entrem na zona neutra por um tempo. Acreditar que o futuro será melhor é o que lhes permite aceitar o novo começo, abrindo mão do passado, e mudar de verdade.

| FIM | ZONA NEUTRA | NOVO COMEÇO |

É MELHOR PASSAR POR ESTE PROCESSO DO QUE NEGÁ-LO. DO CONTRÁRIO, AS CONSEQUÊNCIAS SERÃO CATASTRÓFICAS.

A MUDANÇA É UM CORTE   NO ENTANTO   A TRANSIÇÃO NÃO É CURTA E SECA

COMO GUIAR AS PESSOAS NUMA MUDANÇA

① VENDA O PROBLEMA, NÃO A SOLUÇÃO
   (EMOCIONAL)   (COGNITIVO)

   LEMBRE-SE: O ELEFANTE É MAIS FORTE.

② IDENTIFIQUE QUEM VAI PERDER O QUÊ
   PERMITE QUE VOCÊ SE PREPARE E TENHA EMPATIA

③ ACEITE AS PERDAS SUBJETIVAS
   A DOR PODE SER MAIS PROFUNDA DO QUE VOCÊ IMAGINA

④ TRATE O PASSADO COM RESPEITO

⑤ ROMPER COM O PASSADO GARANTE A CONTINUIDADE DO QUE É IMPORTANTE

MOTIVO: POR QUE MUDAR?

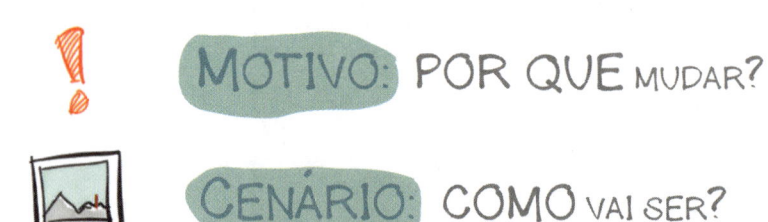

CENÁRIO: COMO VAI SER?

PLANO: COMO CHEGAR LÁ?

PAPEL: ONDE ME ENCAIXO?

Na hora de apresentar o processo de mudança às pessoas, ajude-as a compreender o motivo, o cenário, o plano e o papel delas. Seja paciente e lembre-se de que, apesar de os planos fazerem sentido para você, talvez os outros ainda não os enxerguem da mesma maneira ou não tenham todas as informações.

ONDE OS OUTROS ESTÃO

VOCÊ ESTÁ AQUI E ACHA QUE TODOS TAMBÉM ESTÃO

ATENÇÃO

① **LEMBRE-SE DO EFEITO MARATONA**
TALVEZ VOCÊ JÁ TENHA MUDADO, MAS OS OUTROS, NÃO

② **MEÇA DUAS VEZES, CORTE UMA**
VALE A PENA PERDER TEMPO COM PLANEJAMENTO E PREPARAÇÃO

PRIMEIRA TAREFA AO
GERENCIAR UMA MUDANÇA: AJUDAR AS PESSOAS A ENTENDER A TRANSFORMAÇÃO DESEJADA E FAZÊ-LA ACONTECER

QUANDO FIZER ISSO

NÃO SE ESQUEÇA DISSO

PRIMEIRA TAREFA AO
GERENCIAR UMA TRANSIÇÃO: CONVENCER AS PESSOAS A SAIR DA INÉRCIA

ESTRATÉGIA DE BAIXO CUSTO

ENCONTRE BOLSÕES DE APOIO

COMECE DE MANEIRA INFORMAL/ SINGELA, GANHE ÍMPETO E DEPOIS SIGA DE MANEIRA FORMAL

Grandes mudanças organizacionais precisam ser estratégicas, calculadas e precisas. Não atire a esmo, é necessário ser preciso como um atirador de elite.

ATIRAR A ESMO x SER UM ATIRADOR DE ELITE

CONSTRUA O GRUPO APAIXONADO

Aviso: cena nojenta a seguir. Imagine: você está jantando com sua família e há um cachorro morto no centro da mesa, mas ninguém toca no assunto. Isso seria uma família disfuncional. Você tem uma organização disfuncional? De que assunto ninguém ousa falar?

TEM UM CACHORRO MORTO NA MESA E NINGUÉM TOCA NO ASSUNTO

MARCA DA FAMÍLIA DISFUNCIONAL

Lembre-se: é necessário ser preciso. Muito preciso. Preparar, mirar, atirar. *Timing*, encadeamento e credibilidade são tudo. Planeje sua estratégia de comunicação e traga as pessoas certas para o seu lado.

1. TIMING
2. ENCADEAMENTO
3. CREDIBILIDADE

SÃO TUDO

COMO FAZER MUDANÇAS EM GRANDES ORGANIZAÇÕES

Para que uma estratégia de administração de mudanças funcione, influencie as pessoas certas na organização.

CEO

A INFLUÊNCIA NO TOPO NÃO DESCE

VP

VP

DIRETORES

DIRETORES

TRABALHE EM 1 A CADA 15 INDIVIDUALMENTE

FUNCIONÁRIOS

CEO

COMUNICAÇÃO INFORMAL

DE CIMA PARA BAIXO NÃO FUNCIONA

AJA LOGO EM 1 A CADA 15 VOCÊ ESTÁ VENDENDO A **MUDANÇA**

NÃO É "MEU PROJETO"

FAÇA COM QUE A EMPRESA TODA SE MOVIMENTE

AO MESMO TEMPO

CAPÍTULO QUINZE
PENSAMENTO ESTRATÉGICO

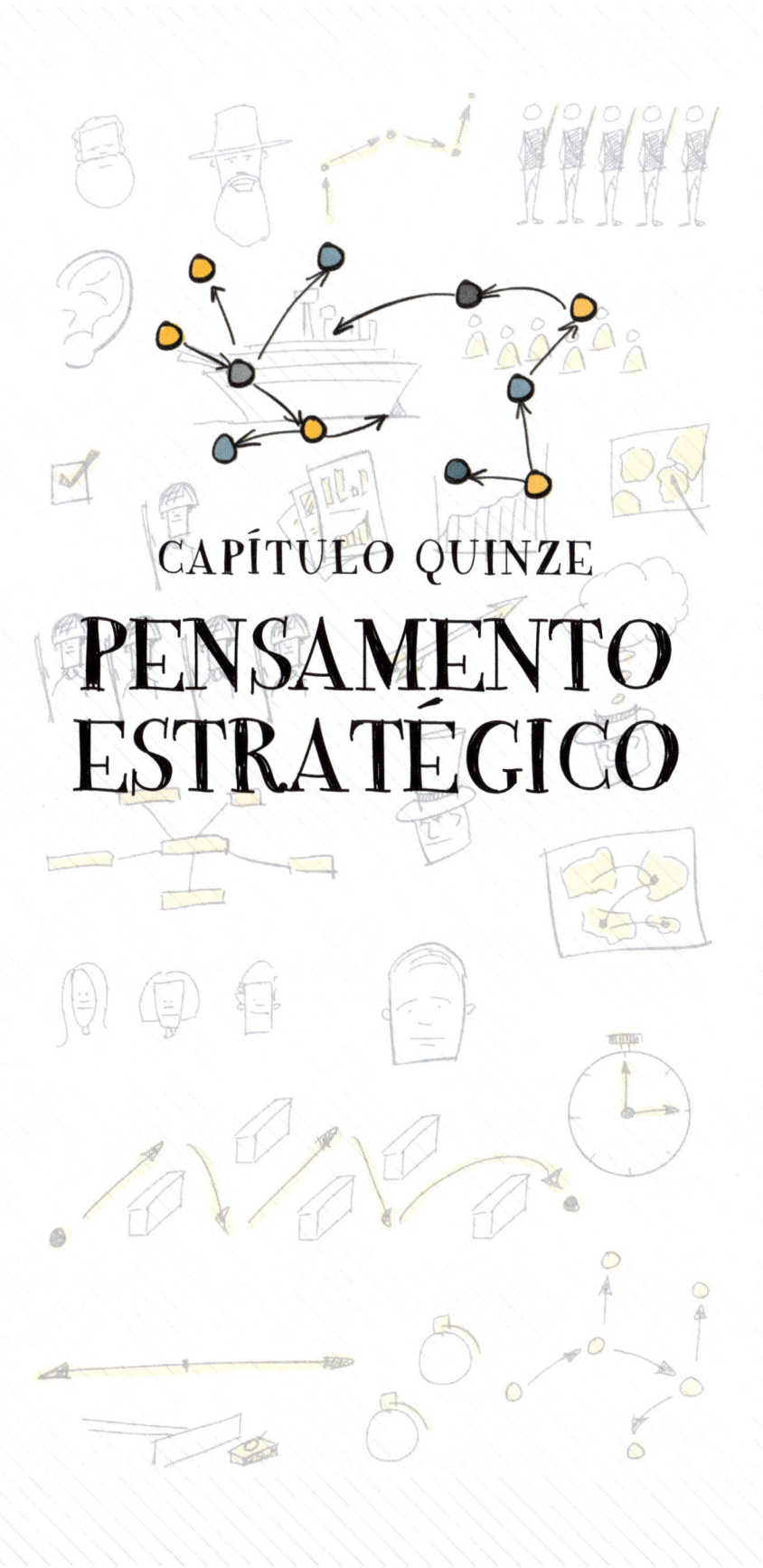

Ao observar líderes históricos, podemos aprender com seus acertos e erros.

POR QUE OS CONFEDERADOS PERDERAM A GUERRA CIVIL DOS ESTADOS UNIDOS? (ALÉM DO FATO DE ESTAREM ERRADOS)

GENERAL ROBERT E. LEE

NEM SEMPRE SEUS GENERAIS SABIAM O QUE ELE PENSAVA

SUAS EXPLICAÇÕES OU INSTRUÇÕES NÃO ERAM CLARAS

O PORQUÊ

SEM STUART ELE FICAVA CEGO

GENERAL STUART
SEU TRABALHO ERA FAZER RECONHECIMENTO DO TERRITÓRIO INIMIGO, MAS ELE PISOU NA BOLA E NINGUÉM SABIA POR ONDE ELE ANDAVA.

Os homens do general Lee não sabiam por que ele dava certas instruções nem o motivo de não compartilhar seus pensamentos. No papel de líder, é fácil ter certa visão em nossa cabeça, porém, se não a comunicamos de maneira eficiente, perdemos a guerra.

DEVEMOS MANTER NOSSA ESTRATÉGIA.

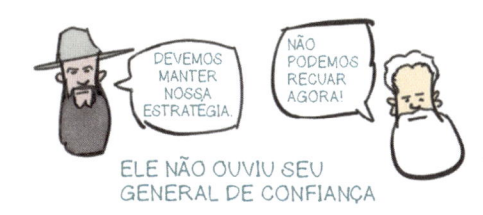

NÃO PODEMOS RECUAR AGORA!

ELE NÃO OUVIU SEU GENERAL DE CONFIANÇA

DE ONDE VEM SEU SUCESSO?

ESTRATÉGIA DEFENSIVA
OU
MORAL DOS HOMENS?

LEE DAVA MUITA ÊNFASE AO MORAL DAS TROPAS

Você **PRECISA** se **ADAPTAR** A NOVAS CIRCUNSTÂNCIAS OU MUDAR O AMBIENTE PARA QUE A ESTRATÉGIA FUNCIONE

GRANDES LÍDERES **OUVEM**

PARA TER SUCESSO, VOCÊ PRECISA DE PESSOAS COMPROMETIDAS E MOTIVADAS

Em um momento crítico, o general Lee não ouviu seus generais e não foi capaz de se adaptar às novas circunstâncias. Faça levantamentos frequentes sobre a situação ao seu redor e adapte-se. Isso ajudará você a se manter no controle.

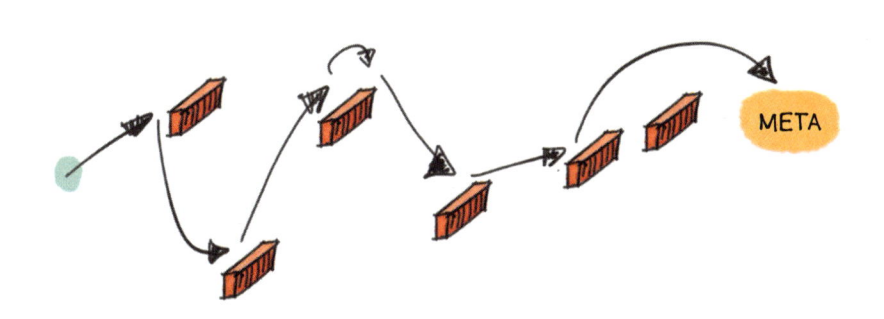

META

CHURCHILL

Winston Churchill era um líder que agia de forma estratégica em tudo, incluindo sua carreira, pois ele assumia posições específicas para aumentar sua influência.

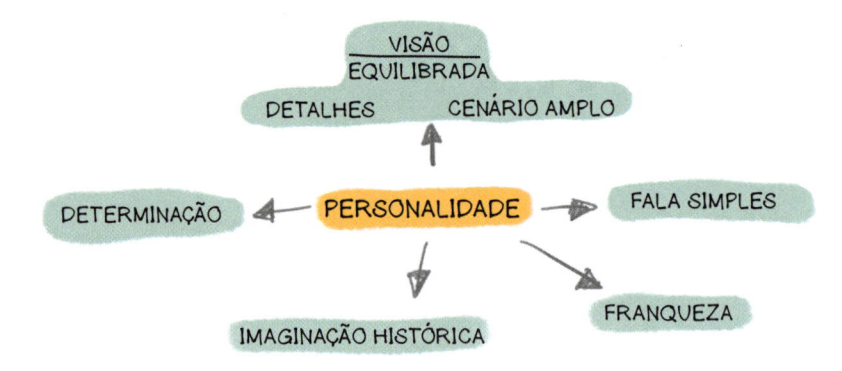

```
                    VISÃO
                 EQUILIBRADA
        DETALHES           CENÁRIO AMPLO
                      ↑
DETERMINAÇÃO  ←  PERSONALIDADE  →  FALA SIMPLES
                      ↓  ↘
             IMAGINAÇÃO HISTÓRICA   FRANQUEZA
```

Churchill valorizava esses traços de personalidade, que lhe eram muito úteis no seu papel de líder.

"Sucesso é ir de fracasso em fracasso sem perder o entusiasmo." — Churchill

1
Tome decisões estratégicas PRIMEIRO

↓

2
Escolha ótimos líderes

↓

3
Dê orientações claras e então libere o caminho para que as pessoas ajam de maneira eficaz

PONDERE

DEPOIS

AJA DE FORMA DECISIVA

Responsabilidade
requer o mesmo nível de Autoridade

Para que alguém seja bem-sucedido em uma tarefa, precisa receber a autoridade necessária para realizá-la. Do contrário, fracassará. Churchill dizia que quanto mais longe você conseguisse olhar no passado, mais conseguiria enxergar à frente.

QUANTO MAIS LONGE VOCÊ CONSEGUIR OLHAR NO PASSADO, MAIS CONSEGUIRÁ ENXERGAR À FRENTE

PASSADO — PRESENTE — FUTURO

TOMADA DE DECISÃO COLETIVA

LEVA A CONTEMPORIZAR

Aconselhamento em grupo é diferente de tomada de decisão coletiva. O aconselhamento tem a ver com reunir os melhores insights para embasar uma decisão; a tomada de decisão coletiva apenas leva a contemporizar (ou chegar a um meio-termo), o que é ineficaz. As lideranças fortes ouvem, mas também sabem quando tomar uma decisão.

BATALHA DAS ARDENAS

EISENHOWER VERSUS **HITLER**

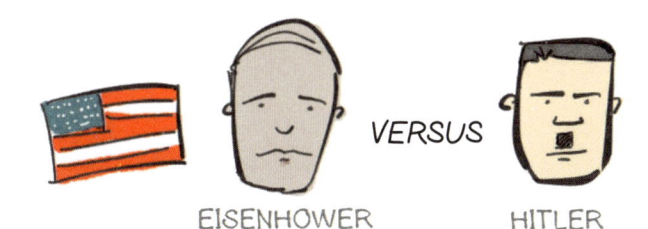

- MILITAR ADAPTADO E CONFIÁVEL
- OUVIU A EQUIPE
- LIDEROU PELA INSPIRAÇÃO
- CALMO, RAZOÁVEL E TRANQUILO
- ESPEROU PELO ACORDO
- EQUIPE INTEGRADA
- OTIMISTA, ELEVOU O MORAL

- ORDENOU QUE MANTIVESSEM OS PLANOS
- NÃO OUVIU A EQUIPE
- LIDEROU PELO MEDO
- REATIVO
- DITADOR
- RESERVADO
- RÍGIDO E INTIMIDADOR

Os americanos venceram os nazistas na Batalha das Ardenas em grande parte por causa da liderança de Eisenhower. Ele liderava de maneira quase oposta à de Hitler, e ela foi útil para o presidente americano.

TOMADA DE DECISÃO DE EISENHOWER

CONSELHO E CONSENSO → ESPERAR ATÉ PRECISAR DECIDIR → EXECUTAR

CAPÍTULO DEZESSEIS
CRIATIVIDADE E INOVAÇÃO

DESENHAR É UM INCENTIVO À CRIATIVIDADE POR SER UMA FERRAMENTA DE PENSAMENTO ASSOCIATIVO

70% DA CRIATIVIDADE ESTÃO RELACIONADOS AOS PADRÕES DE **TRABALHO**

TESTE DE CRIATIVIDADE DA **NASA**

NÍVEL DE GENIALIDADE	IDADE
98%	5
30%	10
12%	15
2%	18+

SE QUISER SER MAIS CRIATIVO, MUDE SEUS HÁBITOS/ PADRÕES DE TRABALHO

CONSUMIR VERSUS CRIAR

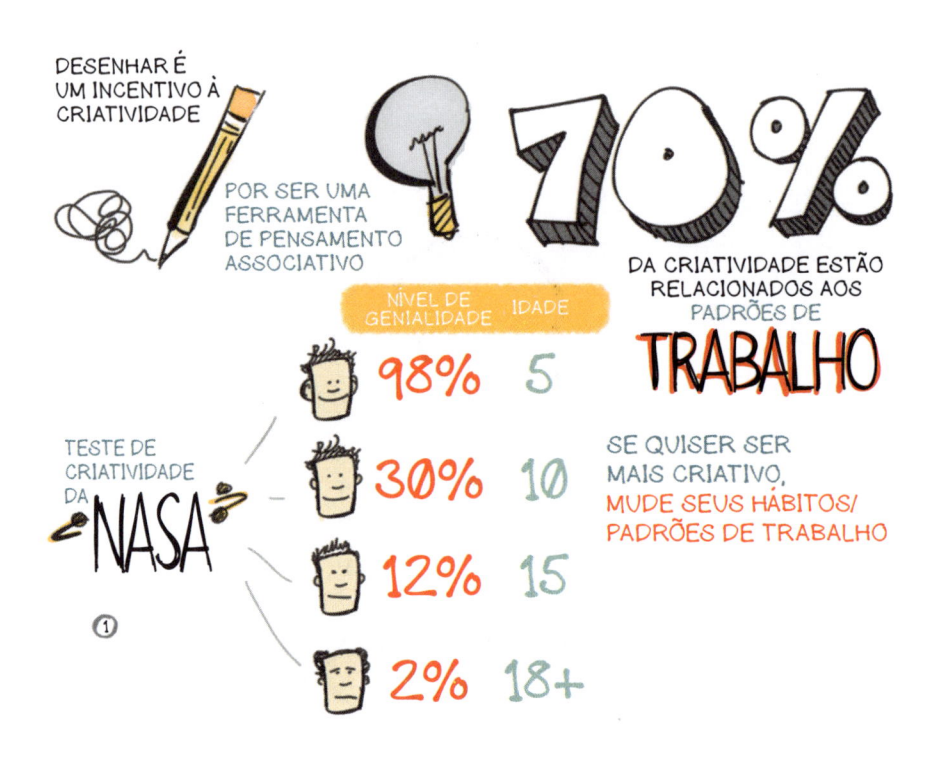

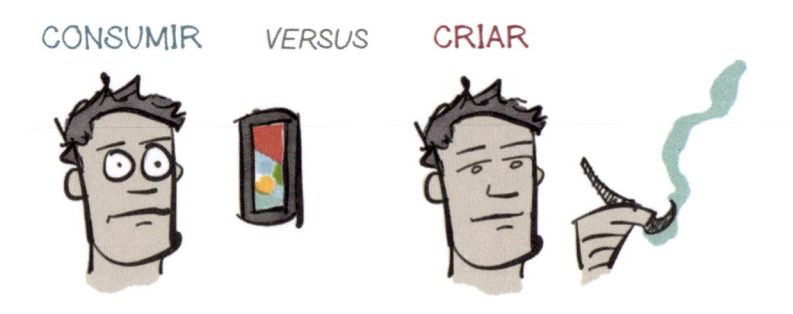

O problema hoje em dia é que a maioria das pessoas gasta seu tempo CONSUMINDO em vez de CRIANDO. Assuma o compromisso de começar a criar. Isso será bom para sua vida pessoal e profissional.

EDUCAÇÃO-PADRÃO VERSUS CRIATIVIDADE

CONVERGÊNCIA
CONFORMIDADE, UM DESTINO

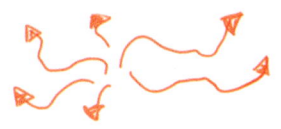

DIVERGÊNCIA
CURIOSIDADE, EXPLORAÇÃO

Na hora de fazer um *brainstorming*, o que se quer é ter o maior número de ideias possível. Ideias malucas. Impossíveis. Apenas as coloque para fora. A geração de ideias tem a ver com divergência. Por mais tentador que seja, não critique nenhuma opção até que todas estejam na mesa.

Depois de fazer isso, é hora de filtrar as sugestões (convergência). Coloque seu chapéu de empresário e jogue fora as propostas ruins. Lembre-se: a única maneira de encontrar uma grande ideia é começar com a divergência e depois passar para a convergência.

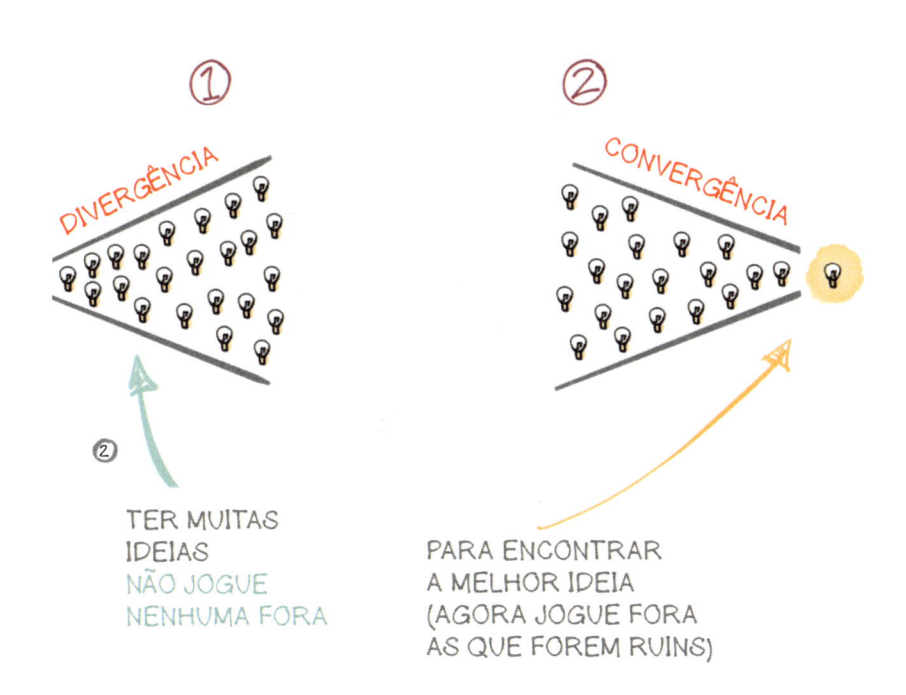

---

① **DIVERGÊNCIA**
TER MUITAS IDEIAS
NÃO JOGUE NENHUMA FORA

② **CONVERGÊNCIA**
PARA ENCONTRAR A MELHOR IDEIA
(AGORA JOGUE FORA AS QUE FOREM RUINS)

PROCESSO CRIATIVO

ROMPA COM O STATUS QUO → PENSAMENTO ASSOCIATIVO → NOVAS IDEIAS

ESSÊNCIA DA CRIATIVIDADE

Para começar, pense fora da caixa. Depois, associe suas ideias a coisas que você observou ou experimentou. Essa é a essência da criatividade. Alimente sempre seu "repertório de cartas na manga" com experiências e conhecimento. Então pegue essas cartas e faça diferentes combinações.

RECOMBINAÇÃO DE CONHECIMENTOS

EXPERIÊNCIAS CRIAM NOVAS PERCEPÇÕES NA NOSSA MENTE

CRIE CRIATIVIDADE

① ALIMENTE SEU REPERTÓRIO

② COMBINE AS CARTAS
- RECOMBINE DE MANEIRA DELIBERADA
- O ACASO FAVORECE AS MENTES PREPARADAS (A MENTE ESTÁ NO PROBLEMA)

③ ENCONTRE NOVAS IDEIAS CRIATIVAS

AS PESSOAS CRIATIVAS SÃO FELIZES PORQUE ESTÃO SEMPRE AUMENTANDO SEU REPERTÓRIO

GRANDES CONHECIMENTOS E EXPERIÊNCIAS

← AMPLITUDE →

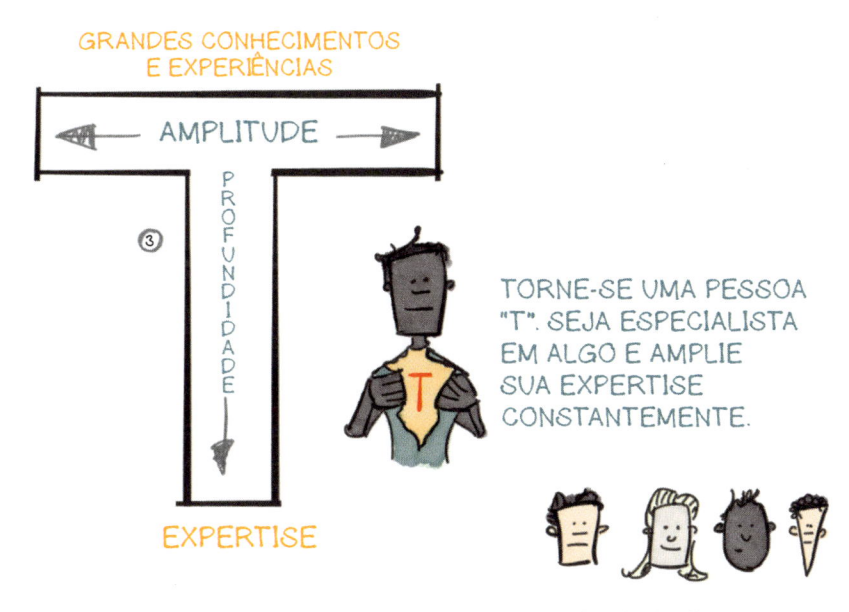

PROFUNDIDADE

③

EXPERTISE

TORNE-SE UMA PESSOA "T". SEJA ESPECIALISTA EM ALGO E AMPLIE SUA EXPERTISE CONSTANTEMENTE.

AS EQUIPES EXPANDEM A AMPLITUDE.

As equipes são essenciais para expandir a amplitude dos seus conhecimentos. Inclua pessoas diferentes de você. Isso ajuda a aumentar incrivelmente o número de ideias. Você pode usar os métodos de pensamento associativo em grupo ou sozinho – mas tente instigar as equipes sempre que possível.

MÉTODOS DE PENSAMENTO ASSOCIATIVO

PENSAMENTO TRANSICIONAL
PENSAR LIVREMENTE

BRAINSTORMING
DA FORMA CORRETA

MAPA MENTAL
CONEXÕES NÃO LINEARES

CADERNO DE IDEIAS

SEIS CHAPÉUS DO PENSAMENTO
(VER P. 170)

PAIXÃO

PONTO IDEAL DA INOVAÇÃO

COMPETÊNCIA

NECESSIDADE DO CLIENTE

PROBLEMA

DISTÂNCIA ENTRE O QUE É E O QUE DEVERIA SER

DOR

CUSTO PESSOAL PARA MIM

Você pode ter uma ideia ótima para resolver um problema enorme. Contudo, se as pessoas não se importarem, não vão comprar. Ainda que se trate de um dispositivo que salve vidas.

A dor depende da avaliação pessoal. As pessoas pagam para resolver aquilo que as incomoda.

DOR

Qualquer problema ou necessidade não atendida que as pessoas pagam para resolver.

VOCÊ SABE QUE TEVE UMA BOA IDEIA QUANDO OS **CLIENTES SORRIEM** NA HORA EM QUE VOCÊ A APRESENTA.

Ao resolver qualquer tipo de problema, mergulhe na complexidade. Quando apresentar a solução final, que ela seja incrivelmente simples (e elegante). Soluções elegantes ganham das deselegantes 2 a 4 vezes mais.

SIMPLICIDADE ②
COMPLEXIDADE ①

O pensamento inventivo sistemático (Systematic Inventive Thinking – SIT) ④ é uma técnica na qual se pegam produtos que já existem para, a partir deles, criar invenções por meio da aplicação de cinco modelos de pensamento diferentes.

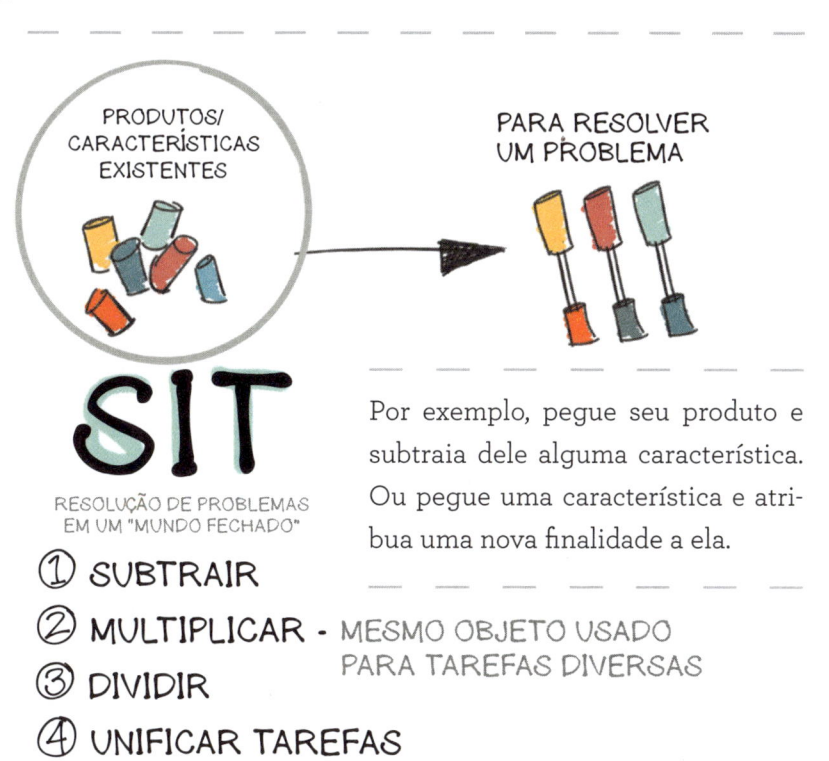

PRODUTOS/CARACTERÍSTICAS EXISTENTES → PARA RESOLVER UM PROBLEMA

SIT
RESOLUÇÃO DE PROBLEMAS EM UM "MUNDO FECHADO"

Por exemplo, pegue seu produto e subtraia dele alguma característica. Ou pegue uma característica e atribua uma nova finalidade a ela.

① SUBTRAIR
② MULTIPLICAR - MESMO OBJETO USADO PARA TAREFAS DIVERSAS
③ DIVIDIR
④ UNIFICAR TAREFAS
⑤ ROMPER SIMETRIAS

A criatividade é um processo evolutivo. Começando com a visão (no primeiro dia), as ideias são testadas, ajustadas e testadas de novo. Ao longo do processo, amplia-se o conhecimento, e o produto é refinado a ponto de se equiparar, no fim, à visão inicial e poder ser lançado de verdade. Durante o processo, é importante ser ágil e flexível – adaptando-se a novos dados e informações.

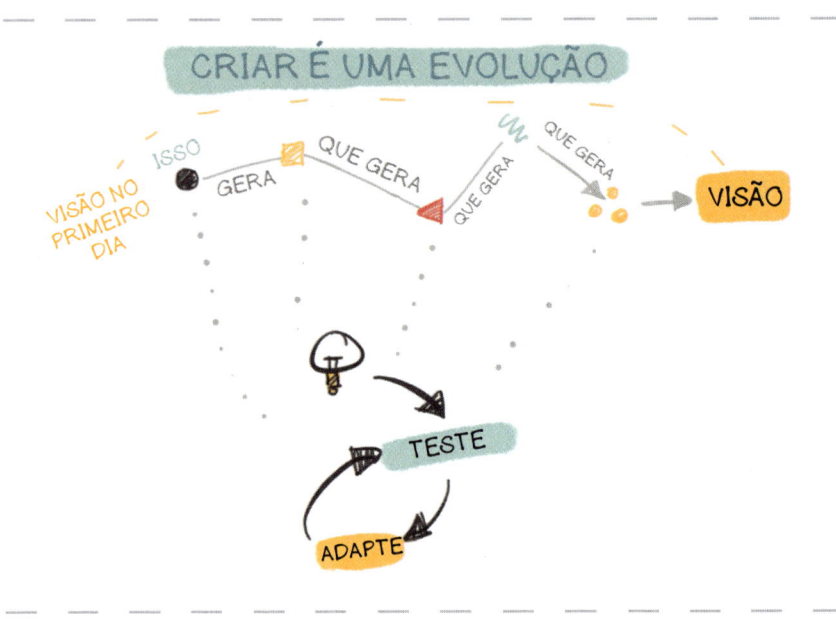

CRIAR É UMA EVOLUÇÃO

VISÃO NO PRIMEIRO DIA — ISSO GERA — QUE GERA — QUE GERA — QUE GERA — VISÃO

TESTE
ADAPTE

* Palestrante convidado: Michael Lee ⑤

Dedique algum tempo a calcular os custos indiretos (como os de planejamento e ideação). A maioria das empresas investe pouquíssimo nisso, o que pode ser prejudicial depois do lançamento (do produto, parque temático, etc.).

40%
DOS CUSTOS DE PRODUÇÃO DA DISNEY
SÃO CUSTOS INDIRETOS
A MAIORIA DAS EMPRESAS GASTA DE 10% A 20%

```
A HISTÓRIA. POR QUE        ABSTRAÇÃO
ISSO EXISTE?
      ↓                    ↑
                       LEVE AS
EXPERIÊNCIA            PESSOAS
                       PRIMEIRO
      ↓                NESSA
                       DIREÇÃO
VIABILIDADE
      ↓
CONCRETIZAÇÃO . . . . . SOLUÇÃO
```

As pessoas sempre querem ir direto para a solução. PARE. Traga-as de volta para a abstração – qual é a história? Por que esse produto existe? Então crie a experiência na sua cabeça.

NÃO COMECE COM SOLUÇÕES CONCRETAS...

COMECE COM A
EXPERIÊNCIA
DO CONVIDADO NA SUA MENTE
E COM OS CUSTOS INDIRETOS

Claro, antes de criar, analise os números e elabore um estudo de viabilidade. Se fizer sentido do ponto de vista do negócio, ENTÃO você pode começar a buscar uma solução.

FAÇA UM
ESTUDO DE
VIABILIDADE

ANALISE OS NÚMEROS

FAZ SENTIDO
PARA O NEGÓCIO?

É impossível falar em inovação sem mencionar Clayton Christensen, professor de administração de Harvard. O cara é um gênio. Ele tem uma teoria magistral chamada "Job to Be Done", ou seja, "trabalho a fazer". ⑥

TRABALHO A FAZER

Uma rede de fast-food queria vender mais milk-shakes. Encomendou uma pesquisa de mercado e gastou muito dinheiro para descobrir tudo que era preciso sobre seu público-alvo.

HOMEM
20-45

Depois, fez pesquisas e usou grupos focais. Então, aprimorou seus milk-shakes, refinando a receita, apresentou a novidade aos clientes e eles gostaram!

MORANGOS MELHORES
MILK-SHAKE MAIS CREMOSO

NENHUM aumento nas vendas!

45% dos milk-shakes eram comprados de manhã

A partir desse insight, decidiram perguntar aos clientes que passavam pelo drive-thru por que eles compravam os milk-shakes. Descobriram que os clientes queriam algo que os ocupasse enquanto se deslocavam para o trabalho e os mantivesse saciados até a hora do almoço. Esse era o TRABALHO A FAZER para o qual eles contratavam os milk-shakes.

SÓ DEPOIS DE ENTENDER POR QUE OS CLIENTES COMPRAVAM O MILK-SHAKE (TRABALHO A FAZER), AS VENDAS CRESCERAM 7 VEZES.

VENDAS 7X!

CAPÍTULO DEZESSETE

FUNDAMENTOS DE MARKETING PARA STARTUPS

Este capítulo mostra como encontrar uma boa ideia, lapidar o que ela tem de mais competitivo e torná-la rentável. É um modelo simples que levou 20 anos para ser aperfeiçoado.

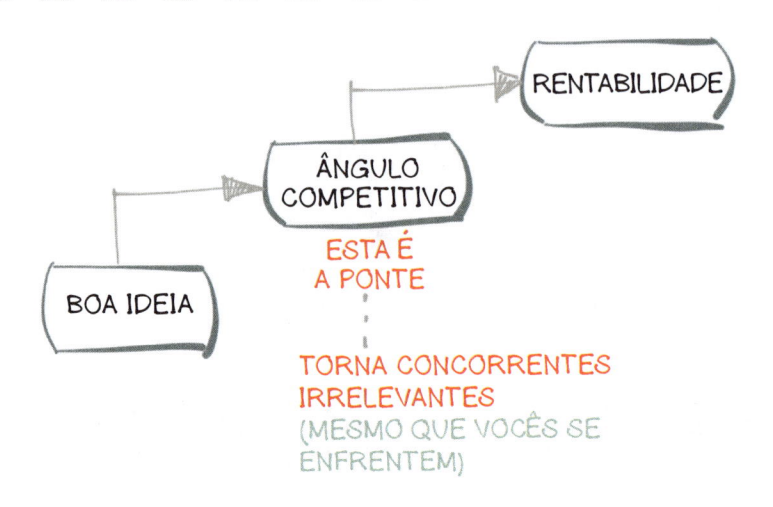

```
BOA IDEIA  →  ÂNGULO COMPETITIVO  →  RENTABILIDADE
```

ESTA É A PONTE

TORNA CONCORRENTES IRRELEVANTES
(MESMO QUE VOCÊS SE ENFRENTEM)

Como criar uma boa ideia

EXISTEM TANTOS PRODUTOS CHATOS POR AÍ

PEGUE OS PRODUTOS CHATOS

E TORNE-OS DIVERTIDOS

REINVENTE
A EXPERIÊNCIA QUE SE TEM COM O PRODUTO
O MUNDO AO SEU REDOR

5 FORMAS DE ACHAR BOAS IDEIAS

1. **RESOLVA AS DORES DIÁRIAS**
   Olhe ao redor. O que está dificultando a vida das pessoas?

2. **SURFE A ONDA DE INTERESSES**
   O que está na moda agora? Potencialize isso.

3. **VÁ AO LIMITE OU ENTRETENHA AO EXTREMO**
   Pegue sua ideia e vá ao limite!
   Por alguma razão, as coisas levadas ao extremo são fábricas de dinheiro.

4. **APERFEIÇOE UM PRODUTO ESSENCIAL**
   Observe os produtos mais comuns, encontre sua essência e torne-os os MELHORES ou os mais DIVERTIDOS. Aposte alto!

5. **BUSQUE TENDÊNCIAS**
   O que é mais lucrativo em outros países e que não existe aqui? Descubra e traga para cá.

COMO SABER SE SUA IDEIA É BOA
TESTE A CONEXÃO PESSOAL

FATOR UAU

MOSTRE O PRODUTO PARA AS PESSOAS

FAÇA GRUPOS FOCAIS

UAU!

LEGAL! BELO TRABALHO!

NUMA ESCALA DE 0 (PÉSSIMA IDEIA) A 10 (PEGUE MEU DINHEIRO!), COMO VOCÊ AVALIARIA ISSO?

0 — ABANDONE A IDEIA — 5 — MELHORE A IDEIA — 7.5 — LANCE — 10

PASSOS PARA CONDUZIR GRUPOS FOCAIS

↓

PERGUNTA DE TRIAGEM
(PARA TER CERTEZA DE QUE O GRUPO REPRESENTA SEU ALVO)

"VOCÊ USA (PRODUTO DE CATEGORIA SIMILAR)?"

↓

USE O MÉTODO DOS SEIS CHAPÉUS DO PENSAMENTO ①

BRANCO
Apresente os fatos para o grupo focal. Não é hora de críticas, apenas de perguntas e respostas.

VERMELHO
Pergunte, numa escala de 1 a 10, se eles comprariam ou não o produto.

AMARELO
Benefícios percebidos ou apoio para o produto.

PRETO
Defeitos percebidos no produto. É a hora de ser negativo.

VERDE
Ideias para aperfeiçoar o produto.

AZUL
Resuma o processo e o que aprendeu com o exercício dos seis chapéus do pensamento.

PERGUNTAS A SEREM FEITAS SOBRE PRODUTOS NOVOS

EM ORDEM DE APELO ↑

1. É ÚNICO?
2. EXISTE UMA GRANDE NECESSIDADE NÃO ATENDIDA?
3. ELE DOMINA UMA SITUAÇÃO DE USO ESPECÍFICA?
4. É FÁCIL PERCEBER SUA DIFERENÇA E/OU BENEFÍCIO? (melancia quadrada)
5. EXISTEM EVIDÊNCIAS NUMÉRICAS DA SUPERIORIDADE DO PRODUTO?

Essas perguntas estão organizadas em ordem de apelo (importância).

É UMA DOR? —OU→ PODE FAZER AS PESSOAS **FALAREM DELE?**

O QUE NO SEU PRODUTO
FARÁ AS PESSOAS FALAREM DELE?

O ângulo competitivo

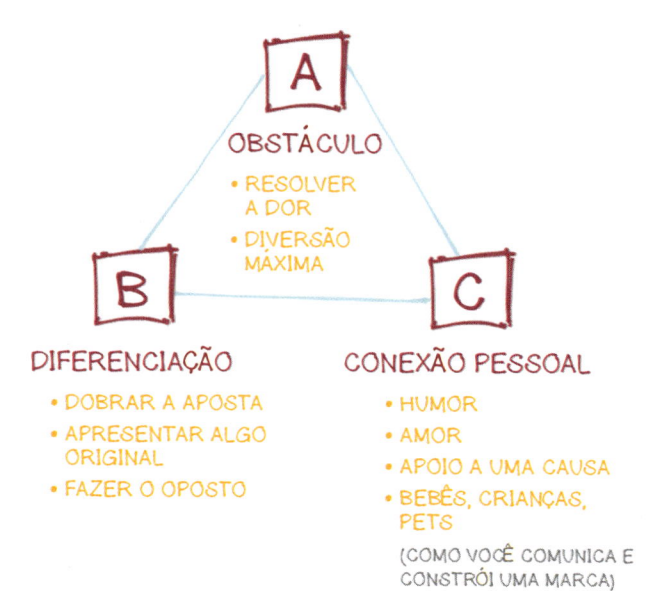

A
OBSTÁCULO
- RESOLVER A DOR
- DIVERSÃO MÁXIMA

B
DIFERENCIAÇÃO
- DOBRAR A APOSTA
- APRESENTAR ALGO ORIGINAL
- FAZER O OPOSTO

C
CONEXÃO PESSOAL
- HUMOR
- AMOR
- APOIO A UMA CAUSA
- BEBÊS, CRIANÇAS, PETS

(COMO VOCÊ COMUNICA E CONSTRÓI UMA MARCA)

O ângulo competitivo tem três partes: A) ajudar alguém a superar um obstáculo; B) ser diferente; C) criar uma conexão pessoal positiva. Depois de ter uma boa ideia, é hora de lapidar o ângulo competitivo para torná-la rentável.

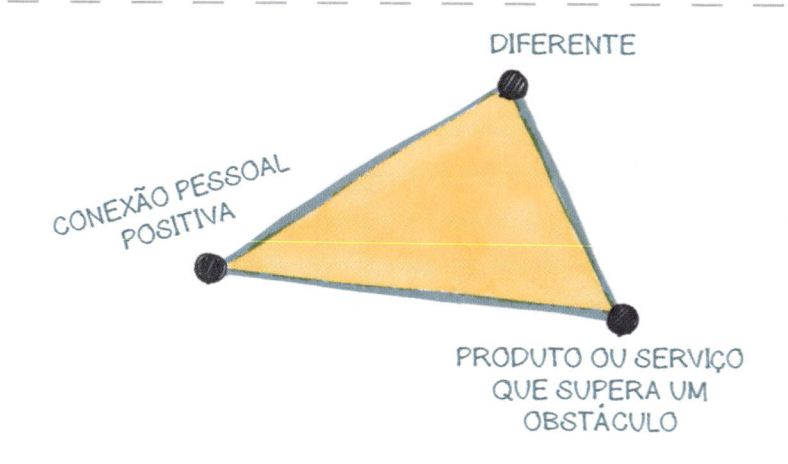

DIFERENTE

CONEXÃO PESSOAL POSITIVA

PRODUTO OU SERVIÇO QUE SUPERA UM OBSTÁCULO

Às vezes seus ângulos parecerão desequilibrados como na imagem acima. Trabalhe para equilibrá-los reforçando os pontos fracos.

ELEMENTOS DE DIFERENCIAÇÃO

* UMA ABORDAGEM *BOTTOM-UP* MARCANTE

➤ **DOBRAR A APOSTA**
"VOCÊ VENDE BARATO? NÓS VENDEMOS PELA METADE DO SEU PREÇO!"
MELHOR, MAIS RÁPIDO, MAIS BARATO.
FAÇA DUAS VEZES MELHOR, COM O DOBRO DA RAPIDEZ E METADE DO PREÇO.

➤ **FAZER O OPOSTO**
HAMBÚRGUER → HAMBÚRGUER À BASE DE PLANTAS (NÃO É CARNE)

➤ **APRESENTAR ALGO ORIGINAL**
BANQUINHO DE CÓCORAS

O relógio feito de cocô de vaca (Cow-Pie Clock) é um ótimo exemplo de produto que apresenta algo original e dobra a aposta. A única limitação é a matéria-prima. As vacas só fazem um tanto de cocô por dia.

CERTIFICADO DE PRODUTO ÚNICO

RELÓGIO DE COCÔ DE VACA
(COW-PIE CLOCK)

A mochila voadora movida a jatos d'água começou como um produto usado para ajudar a lavar as laterais de grandes embarcações. As vendas eram estáveis. Então pegaram essa ideia, lapidaram o ângulo ao torná-la única e miraram uma situação diferente. As vendas decolaram (desculpe o trocadilho).

ORIGINALMENTE CRIADA PARA LIMPAR NAVIOS

VENDAS

ENTRETENIMENTO

VENDAS

SE VOCÊ JÁ TEM UM PRODUTO, SEJA CRIATIVO AO IMAGINAR AS SITUAÇÕES DE USO POSSÍVEIS.

As conexões pessoais positivas são fundamentais. Tenha o cuidado de não criar um produto que suscite uma conexão pessoal negativa.

ROUPAS ÍNTIMAS DESCARTÁVEIS

VOCÊ COMPRARIA? NÃO? POR QUÊ?

"QUANDO EU VISTO UMA, ME SINTO ESTRANHO."

CONEXÃO EMOCIONAL NEGATIVA

FUNCIONAL **EMOCIONAL**

A FUNÇÃO QUE CUMPRE — PONTE EMOCIONAL — BENEFÍCIO EMOCIONAL

VENDA ISTO!

NÃO ISTO!

(CARACTERÍSTICAS)

Muitas empresas focam em vender as características do produto em vez de adotar uma abordagem muito mais eficiente, que é vender seus benefícios. Mostre aos clientes em potencial a ideia e o apelo às emoções, criando uma conexão pessoal positiva.

Seja criativo quanto às diferentes situações de uso possíveis do seu produto. Uma empresa que fabrica aventais supunha que seu produto tivesse determinada finalidade, mas descobriu que seus clientes na verdade queriam se sentir fofos. O processo é mais ou menos assim:

COMECE! BARRACAS

CARACTERÍSTICAS
- ROBUSTAS
- LEVES
- FÁCEIS DE MONTAR

QUEM SÃO AS PESSOAS?

AS QUE GOSTAM DE FICAR AO AR LIVRE

QUAL É A SITUAÇÃO?
"QUERO CURTIR A NATUREZA."

ESSA É A SITUAÇÃO REAL

DOMINE A SITUAÇÃO

A BARRACA DE VISÃO EM **360** GRAUS PARA ESPÍRITOS AVENTUREIROS

SITUAÇÃO REAL

- ONDE AS EMPRESAS ESTÃO FOCANDO
- O TRABALHO REAL A SER FEITO

USE GRUPOS FOCAIS PARA DESCOBRIR A SITUAÇÃO REAL

A verdade é que a maioria dos clientes usa seu produto por motivos diferentes dos que você imagina. Por meio de grupos focais, você pode descobrir o uso real, o que vai ajudar você a dominar a situação de uso.

DESCUBRA a SITUAÇÃO PRIMEIRO
E ELA VAI DETERMINAR O CONJUNTO DE CARACTERÍSTICAS

Pegue a ideia do seu produto e crie uma tabela com o público-alvo à esquerda, formando as linhas, e pelo menos 10 situações de uso diferentes no alto, nas colunas. Encontre o cliente mais rentável e a situação mais potente e foque neles. Apesar de ser tentador tentar vender para todos, você precisa focar em APENAS UM.

SITUAÇÕES DE USO

	ESPORTES	ACADEMIA	CRIANÇAS	SAÚDE
MÃES 21-45				

PESSOAS

FEITO PARA ESPORTES
POUCO INTERESSE

QUAL É A SITUAÇÃO MAIS POTENTE? *(VOCÊ SÓ PODE ESCOLHER UMA!)*

CRIE AS CARACTERÍSTICAS

ENTÃO VÁ AO EXTREMO

"UAU"

Declaração de situação
Criar uma situação ajuda a focar seus esforços

[Público-alvo] quer [resolver uma dor/ se divertir], mas não consegue porque [obstáculo]; [produto] chegará a [público-alvo], superando [obstáculo], se [valor inovador].

VOCÊ ESTÁ PROCURANDO POR UMA

SAÍDA

ESTRATÉGICA

O MELHOR PRODUTO É O QUE PERMITE QUE VOCÊ SAIBA QUEM VAI COMPRAR A EMPRESA ANTES MESMO QUE VOCÊ COMECE

CONVIDE-OS PARA O SEU CONSELHO CONSULTIVO!

CAPÍTULO DEZOITO
DESEMPENHO E INCENTIVOS

No futebol, é comum que um jogador, ao se aproximar do gol, sofra faltas. Se ele perceber que o adversário está perto e pode derrubá-lo, deve passar a bola de qualquer jeito para outro atleta em campo e evitar se machucar ou deve avançar, arriscando levar falta e perder a bola (ou marcando um gol, se tudo correr bem)? Talvez o técnico prefira que ele passe, mas o jogador pode preferir tentar mais um drible para ficar mais perto do gol. Como conciliar as duas coisas? Este capítulo é sobre isso.

POR QUE NÃO INCENTIVAR COM BASE NOS GANHOS?
VOCÊ NÃO PODE CONTROLAR.
"SE NÃO POSSO CONTROLAR, POR QUE ME INCOMODAR?"

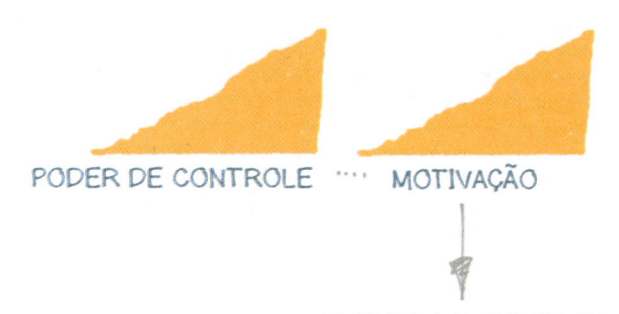

PODER DE CONTROLE ···· MOTIVAÇÃO

ABERTO A INCENTIVOS
SE HÁ UM PROBLEMA MOTIVACIONAL, PODE HAVER UM PROBLEMA DE CONTROLE

TEORIA DA AGÊNCIA ①

CEO
PRINCIPAL

FUNCIONÁRIO
AGENTE

MAXIMIZAÇÃO DA UTILIDADE
EM PROVEITO PRÓPRIO
(SERVINDO A SI MESMO)

A teoria da agência propõe que é para o próprio benefício que o agente deseja maximizar sua utilidade. A incongruência de objetivos acontece quando as metas do principal (em termos gerais, o contratante) e do agente (contratado) não estão alinhadas.

METAS INCONGRUENTES

PROBLEMA DE AGÊNCIA

A verdade é que as pessoas desejam ganhar a maior quantidade de dinheiro enquanto fazem a menor quantidade de trabalho. Quero ajudar você a criar estruturas e incentivos que alinhem os objetivos do negócio com as motivações dos funcionários.

MENOR QUANTIDADE DE TRABALHO

HOMO ECONOMICUS
AS PESSOAS QUEREM

MAIOR QUANTIDADE DE DINHEIRO

SISTEMAS DE CONTROLE DE ADMINISTRAÇÃO EXISTEM PARA RESOLVER PROBLEMAS DE AGÊNCIA

INCENTIVOS

OBJETIVOS DOS NEGÓCIOS

ARQUITETURA ORGANIZACIONAL ②

DIREITOS DE DECISÃO

AVALIAÇÕES DE DESEMPENHO

SISTEMAS DE INCENTIVO

VOCÊ PRECISA TER TODOS OS **3**, E ELES SÃO IGUALMENTE IMPORTANTES

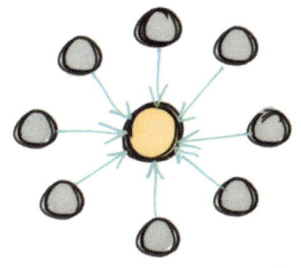

DIREITOS DE DECISÃO CENTRALIZADOS

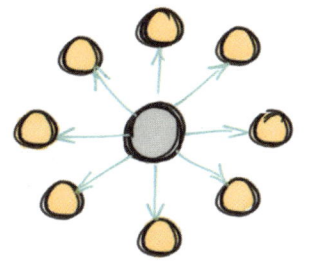

DIREITOS DE DECISÃO DESCENTRALIZADOS

QUALQUER MUDANÇA NA ORGANIZAÇÃO EXIGE MUDANÇAS NAS FORMAS DE AVALIAÇÃO E NOS INCENTIVOS

PRINCIPAL

AGENTE

O PRINCIPAL EMPREGA O AGENTE PARA GERENCIAR UM ATIVO EM SEU NOME

O AGENTE TEM PODER DE TOMAR DECISÕES

AVALIADO EM X PELA SUA FÁBRICA

AVALIADO EM X PELA SUA FÁBRICA

AVALIADO EM X PELA SUA FÁBRICA

INCENTIVADOS AO ISOLAMENTO, MESMO QUE ISSO NÃO BENEFICIE A ORGANIZAÇÃO

AVALIAÇÕES DE
DESEMPENHO

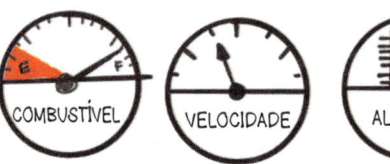

NÃO SE DEVE AVALIAR
UM PONTO APENAS

INDICADORES
BALANCEADOS
DE DESEMPENHO
(BALANCED SCORECARD)

OBJETIVO → OBJETIVO → OBJETIVO → OBJETIVO
↓   ↓   ↓   ↓
AVALIAÇÃO   AVALIAÇÃO   AVALIAÇÃO   AVALIAÇÃO

OBJETIVOS SÃO AÇÕES
QUE PODEM SER MENSURADAS

INDICADORES BALANCEADOS DE DESEMPENHO ③

EXEMPLO

Perspectiva dos processos internos	Perspectiva de aprendizado e crescimento	Perspectiva do cliente	Perspectiva financeira
Excelência operacional	Força de trabalho motivada	Agradar o cliente	Aumento da receita
↓	↓	↓	↓
Estoque reduzido	Pesquisas com funcionários	Satisfação do cliente	Vendas

LISTA DE INDICADORES ··· **REVISE PELO MENOS UMA VEZ AO ANO**

→ **ORIENTA O ORÇAMENTO**

O QUE É **AVALIADO** É FEITO

Fique atento para que a mensuração não se torne um fim em si mesma. Por exemplo, avaliar os gerentes levando em conta se fazem ou não reuniões individuais com os funcionários. O objetivo é ajudar os membros da equipe, mas a qualidade dessas reuniões pode ir ladeira abaixo se os gerentes sentirem que precisam apenas cumprir tabela.

CAPÍTULO DEZENOVE
GESTÃO GLOBAL

Gestão global significa levar seu produto ou negócio mundo afora estando consciente das necessidades e culturas locais para aumentar suas chances de sucesso.

DIFERENTES CULTURAS, PREFERÊNCIAS, NECESSIDADES

NÃO É SÓ A GEOGRAFIA QUE CAUSA DISTANCIAMENTO

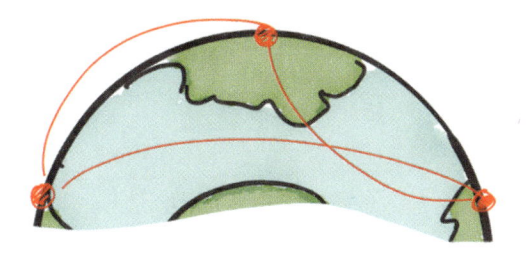

Diversas empresas tentaram em vão abrir novos mercados pelo mundo e depois descobriram que seus produtos não atendiam aos desejos e necessidades dos mercados pretendidos. Apesar de ser tentador mergulhar em mercados como a China, é muito valioso se dar o trabalho de entender as diferenças culturais em termos de atitudes, comportamentos, expectativas e valores.

CULTURA

ATITUDES

COMPORTAMENTOS

EXPECTATIVAS

VALORES

→ APRENDIDOS

COMPARTILHADOS

TRANSMITIDOS

→ POR UM GRUPO DE PESSOAS

MODELO DE DISTÂNCIAS
CAGE ①

A distância é criada não só pela geografia. Analisar sua estratégia internacional por meio do modelo CAGE ajuda a evitar possíveis armadilhas.

C — DIFERENÇAS CULTURAIS

Quais são as diferentes línguas? E etnias? Religiões? Valores? Normas?

A — DIFERENÇAS ADMINISTRATIVAS E POLÍTICAS

Qual é o cenário político? Como é o sistema legislativo? A moeda?

Diferenças Geográficas

Qual a distância entre os países? E a diferença de fuso horário? E de clima?

Diferenças Econômicas

Qual é a disparidade entre ricos e pobres? Como é a infraestrutura? E quais são os recursos naturais e financeiros?

CULTURAIS	ADM. E POLÍTICAS	GEOGRÁFICAS	ECONÔMICAS

Agora você pode colocar em uma tabela as respostas a essas perguntas e, assim, ter referências na hora de planejar e compartilhar sua estratégia. Levar em conta essas quatro áreas vai livrar você de muitos problemas mais adiante ao tentar expandir seus negócios.

CAPÍTULO VINTE
JUNTANDO TUDO

Nossa, parece muita coisa. Vamos ver como isso tudo se encaixa quando se trata de um novo negócio. Espero que este guia possa ajudar você na sua jornada empreendedora!

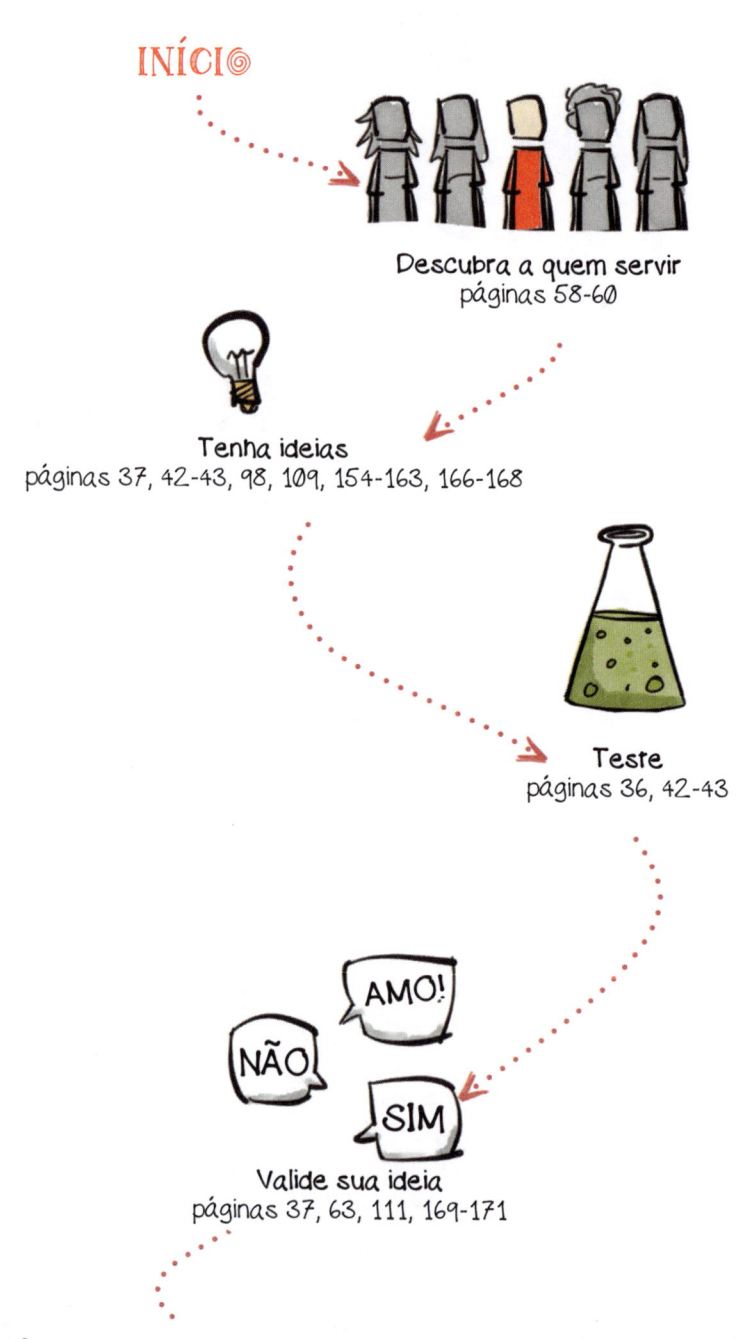

INÍCIO

Descubra a quem servir
páginas 58-60

Tenha ideias
páginas 37, 42-43, 98, 109, 154-163, 166-168

Teste
páginas 36, 42-43

AMO! NÃO SIM

Valide sua ideia
páginas 37, 63, 111, 169-171

Planeje
páginas 30, 38, 40-41, 46-48

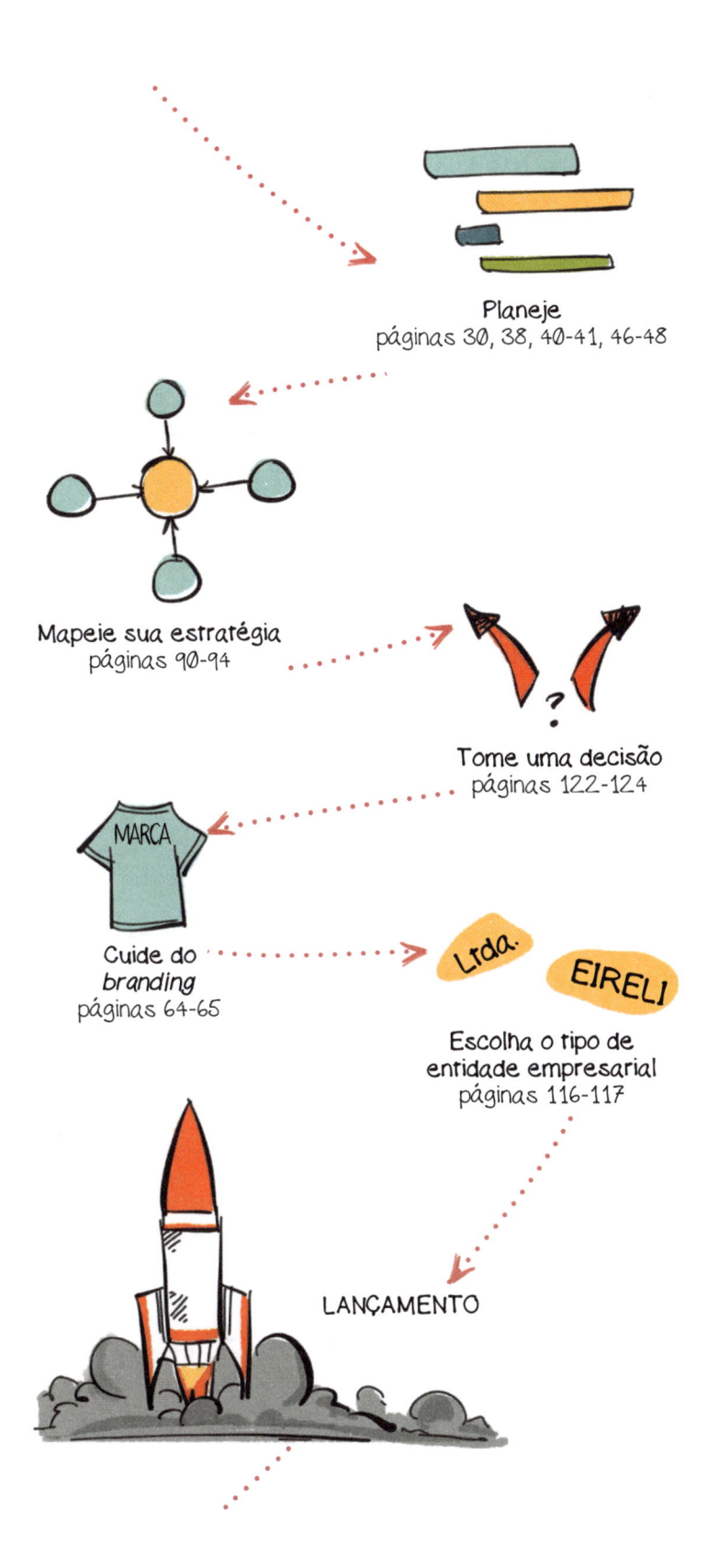

Mapeie sua estratégia
páginas 90-94

Tome uma decisão
páginas 122-124

Cuide do branding
páginas 64-65

Escolha o tipo de entidade empresarial
páginas 116-117

LANÇAMENTO

NOVO!

Marketing
páginas 58-61, 175

Mensuração e diagnóstico
páginas 24-29

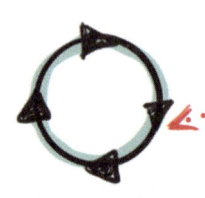

Melhoria do seu produto e do marketing
páginas 61-63, 166, 172-174, 176-179

Resolução de problemas
páginas 132-134

Liderança
páginas 14-17, 146-151

Ética
páginas 102-105

Montar equipes
páginas 18-21, 74-75

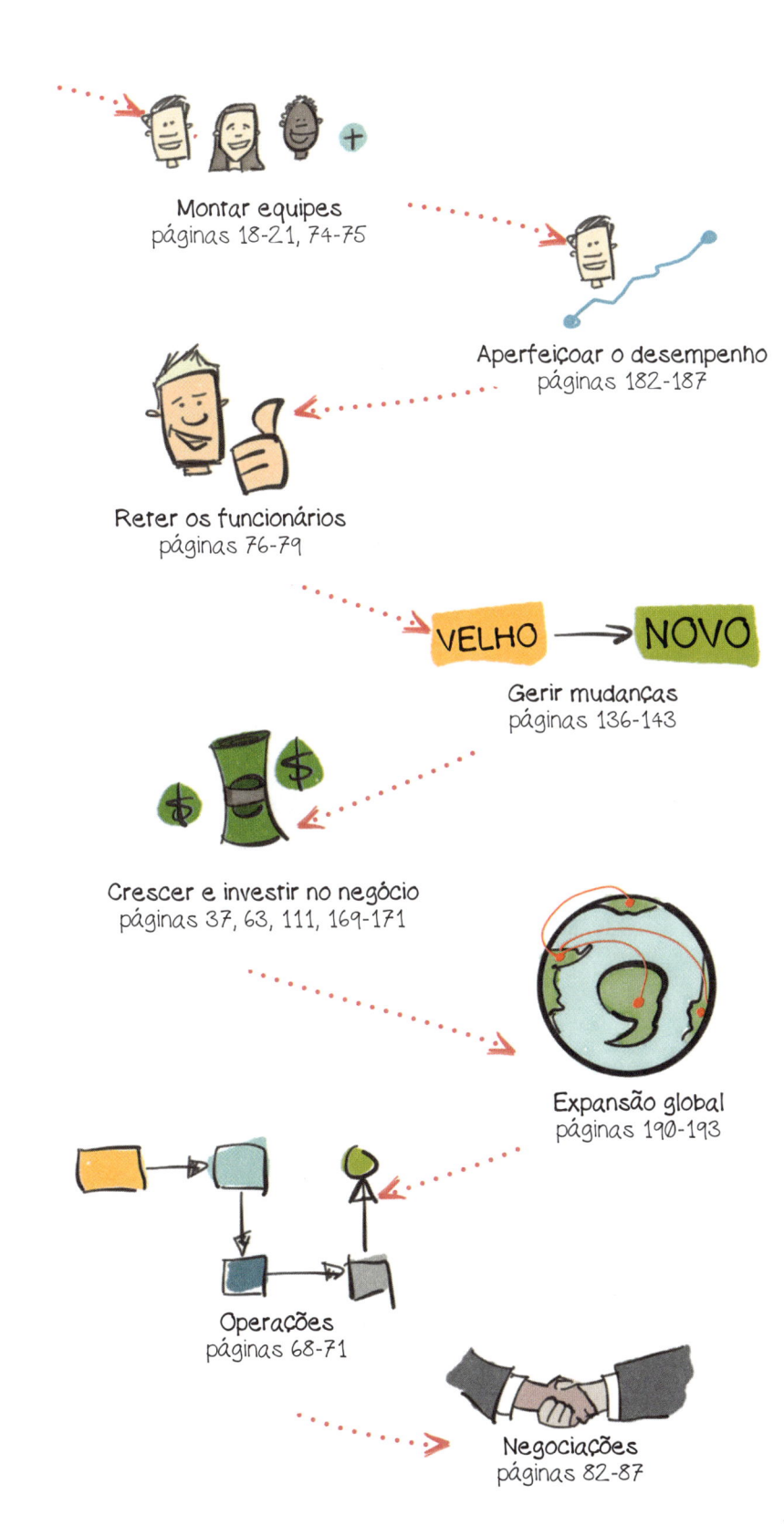

Aperfeiçoar o desempenho
páginas 182-187

Reter os funcionários
páginas 76-79

Gerir mudanças
páginas 136-143

Crescer e investir no negócio
páginas 37, 63, 111, 169-171

Expansão global
páginas 190-193

Operações
páginas 68-71

Negociações
páginas 82-87

Para terminar

Está se sentindo mais inteligente? Que bom. Você teve insights. Fez conexões. Aprendeu coisas novas. Agora é hora de aplicá-las.

Setenta por cento do aprendizado se baseiam na experimentação e agora ele depende de você. Teste os conceitos e estruturas que você aprendeu. O que funciona? O que não funciona? O que pode ser melhorado?

A aprendizagem nunca acaba. Como disse Sócrates: "Só sei que nada sei." Ele viveu mais de dois mil anos atrás (469–399 a.C.) e sabia do que estava falando. Vá fundo, pergunte "por quê?", desafie, questione e, em seguida, FAÇA. Assim você vai entender o todo em vez de apenas partes. Veja a si mesmo como um artista diante de muitas telas a serem preenchidas por sua curiosidade intelectual e suas descobertas. E, se puder fazer *sketchnotes* de alguns desses trabalhos ao longo do caminho, melhor ainda.

Se você tiver condições de usar apenas uma ideia deste livro, então faça isso: experimente-a, aprenda e cresça. Eu asseguro que todas as horas gastas nesta leitura valerão a pena.

Obrigado por comprar e ler esta obra. Estou ansioso para saber de suas experiências e percepções ao aplicar os conceitos que apresentei. Sinta-se à vontade para entrar em contato comigo no Twitter: @jasbarron.

Atenciosamente,
Jason Barron

REFERÊNCIAS

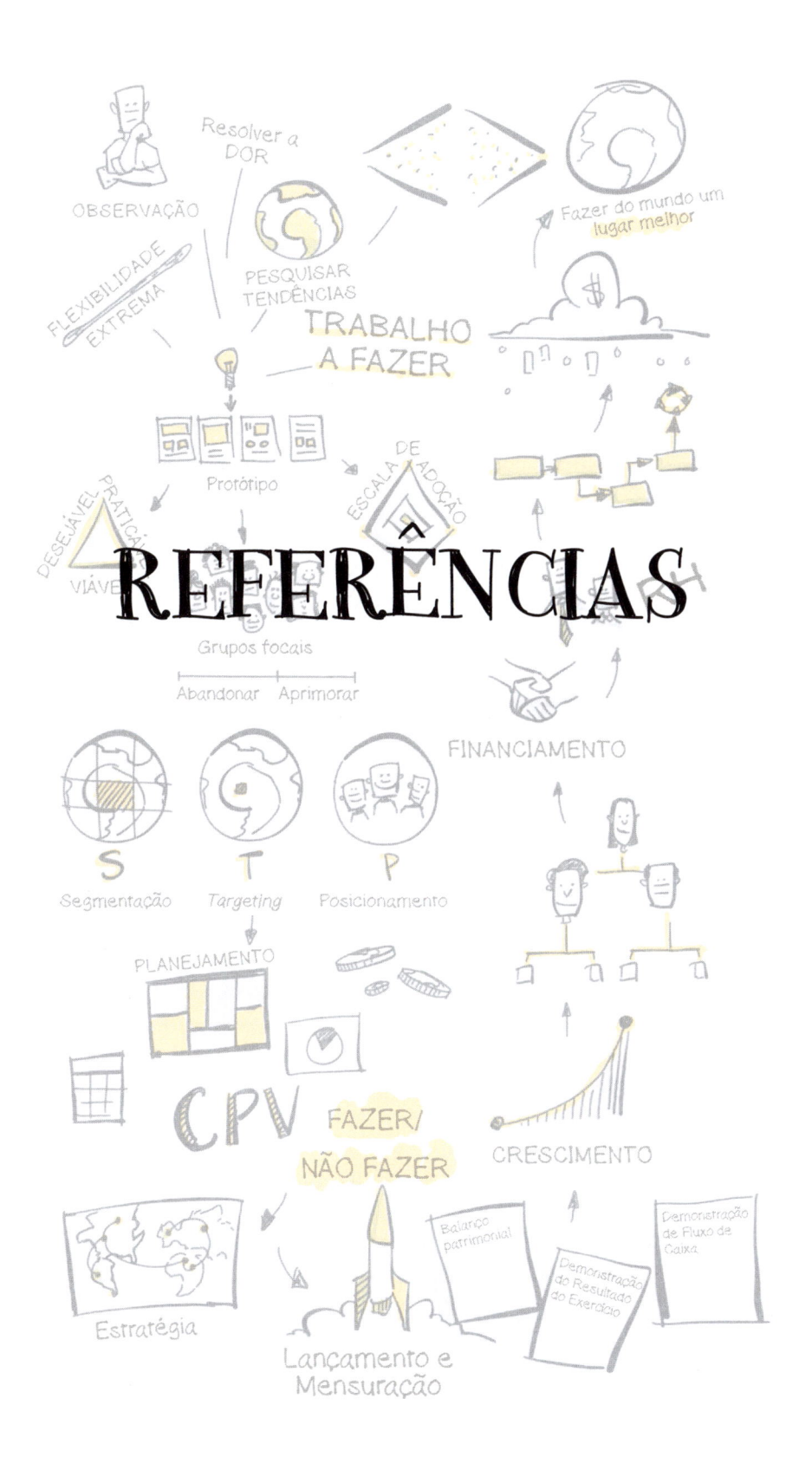

Capítulo um

1. ULRICH, Dave; SMALLWOOD, Norm. "Building a Leadership Brand". *Harvard Business Review*, julho-agosto de 2007.
2. ULRICH, Dave; SMALLWOOD, Norm. "Five Steps to Building Your Personal Leadership Brand". *Harvard Business Review*, dezembro de 2007.
3. GOMAN, Carol K. "Seven Seconds to Make a First Impression". *Forbes*, fevereiro de 2011. Disponível em <https://www.forbes.com/sites/carolkinseygoman/2011/02/13/seven-seconds-to-make-a-first-impression/#4d31f1dd2722>.
4. PINK, Daniel H. *Motivação 3.0: Drive*. Rio de Janeiro: Sextante, 2019.
5. LINDQUIST, Rusty. "Finding Your Own Personal Sweet Spot". *Life Engineering blog*, agosto de 2008. Disponível em <https://life.engineering/finding-your-own-personal-sweet-spot/>.
6. GHOSHAL, Professor Sumantra. Discurso no Fórum Econômico Mundial em Davos, Suíça. Disponível em <https://www.youtube.com/watch?v=UUddgE-8rIoE>.
7. SCHWARTZ, Tony; MCCARTHY, Catherine. "Manage Your Energy, Not Your Time". *Harvard Business Review*, outubro de 2007.
8. DYER, William G.; DYER JR., W. Gibb; DYER, Jeffrey H. *Equipes que fazem a diferença: Estratégias comprovadas para desenvolver equipes de alta performance*. São Paulo: Saraiva, 2011.

Capítulo três

1. Ideo. "How to Prototype a New Business". Disponível em <https://www.ideou.com/blogs/inspiration/how-to-prototype-a-new-business>.
2. MANKIN, Eric. "Can You Spot the Sure Winner?". *Harvard Business Review*, julho de 2004.
3. LEVY, Steven. *The Perfect Thing: How the iPod Shuffles Commerce, Culture, and Coolness*. Nova York: Simon & Schuster, 2007.
4. Hasso Plattner Institute of Design, Stanford University. "Tools for Taking Action". Disponível em <https://dschool.stanford.edu/resources>.

Capítulo quatro

1. SWAIN, Monte. "The Management Process". *In* "Management Accounting and Cost Concepts". Capítulo 15 de ALBRECHT, W. Steve *et al. Accounting: Concepts and Applications*. Boston: Cengage Learning, 2007.

Capítulo seis

1. REYNOLDS, Thomas J.; GUTMAN, Jonathan. "Laddering Theory, Method, Analysis, and Interpretation". *Journal of Advertising Research*, fevereiro-março de 1988.
2. SINEK, Simon. "How Great Leaders Inspire Action". Puget Sound, Washington, setembro de 2009. Disponível em <https://www.ted.com/talks/simon_sinek_how_great_leaders_inspire_action>.

Capítulo sete

1. GRAY, Ann E.; LEONARD, James. "Process Fundamentals". *Harvard Business School Background Note 696-023*, setembro de 1995 (revisado em julho de 2016).

Capítulo oito

1. HACKMAN, J. Richard; OLDHAM, Greg R. "Development of the Job Diagnostic Survey". *Journal of Applied Psychology*, v. 60, n. 2, 1975, pp. 159-170.
2. HERZBERG, Frederick. "The Motivation-Hygiene Concept and Problems of Manpower". *Personnel Administrator*, v. 27, janeiro-fevereiro de 1964, pp. 3-7.
3. DYER, William G.; DYER JR., W. Gibb; DYER, Jeffrey H. *Equipes que fazem a diferença: Estratégias comprovadas para desenvolver equipes de alta performance*. São Paulo: Saraiva, 2011.

Capítulo nove

1. FORSYTH, D. R. *Group Dynamics*. Belmont, Califórnia: Wadsworth, Cengage Learning, 2006.
2. FISHER, Roger; PATTON, Bruce; URY, William. *Como chegar ao sim: Como negociar acordos sem fazer concessões*. Rio de Janeiro: Sextante, 2018.
3. DIAMOND, Stuart. *Consiga o que você quer*. Rio de Janeiro: Sextante, 2005.

Capítulo dez

1. PORTER, Michael. "How Competitive Forces Shape Strategy". *Harvard Business Review*, março de 1979.
2. PORTER, Michael. "What Is Strategy". *Harvard Business Review*, novembro-dezembro de 1996.
3. BARNEY, J. B.; HESTERLY, W. S. "Modelo VRIO". In *Administração estratégica e vantagem competitiva*. São Paulo: Pearson Prentice Hall, 2011, pp. 61-74.

4. KIM, W. C.; MAUBORGNE, R. *A estratégia do oceano azul*. Rio de Janeiro: Sextante, 2019.

Capítulo doze
1. DRUCKER, Peter F. *Inovação e espírito empreendedor*. São Paulo: Cengage Learning, 2013.

Capítulo treze
1. HAMMOND, John S.; KEENEY, Ralph L.; RAIFFA, Howard. *Decisões inteligentes: Como avaliar alternativas e tomar a melhor decisão*. Rio de Janeiro: Campus, 2001.
2. KAHNEMAN, Daniel. *Rápido e devagar: Duas formas de pensar*. Rio de Janeiro: Objetiva, 2012.
3. TVERSKY, Amos; KAHNEMAN, Daniel. "Availability: A Heuristic for Judging Frequency and Probability". *Cognitive Psychology*, v. 5, n. 2, 1973, pp. 207-232.
4. KAHNEMAN, Daniel; TVERSKY, Amos. "Subjective Probability: A Judgment of Representativeness". *Cognitive Psychology*, v. 3, n. 3, 1972, pp. 430-454.
5. KAHNEMAN, Daniel; TVERSKY, Amos. "Prospect Theory: An Analysis of Decision Under Risk". *Econometrica*, v. 47, n. 2, 1979, p. 263.
6. KAHNEMAN, D.; TVERSKY, A. "Judgment Under Uncertainty: Heuristics and Biases". *Science*, v. 185, n. 4157, 1974, pp. 1124-1131.
7. LICHTENSTEIN, Sarah; FISCHHOFF, Baruch; PHILLIPS, Lawrence D. "Calibration of Probabilities: The State of the Art to 1980". *In* KAHNEMAN, Daniel; SLOVIC, Paul; TVERSKY, Amos. *Judgment Under Uncertainty: Heuristics and Biases*. Cambridge: Cambridge University Press, 1982, pp. 306-334.
8. KUNDA, Z. "The Case for Motivated Reasoning". *Psychological Bulletin*, v. 108, n. 3, 1990, pp. 480-498.

Capítulo catorze
1. DORAN, G. T. "There's a S.M.A.R.T. Way to Write Management's Goals and Objectives". *Management Review*, AMA FORUM, v. 70, n. 11, 1981, pp. 35-36.
2. LEWIN, Kurt. "Frontiers in Group Dynamics: Concept, Method and Reality in Social Science; Social Equilibria and Social Change". *Human Relations*, v. 1, 1947, pp 5-41.
3. BRIDGES, William. *Managing Transitions*. Boston: Nicholas Brealey Publishing, 2009.

Capítulo dezesseis

1. AINSWORTH-LAND, George T.; JARMAN; Beth. *Breakpoint and Beyond: Mastering the Future – Today*. Champaign, Illinois: Harper Business, 1992.
2. GRAY, Dave; BROWN, Sunni; MACANUFO, James. *Gamestorming: Jogos corporativos para mudar*. Rio de Janeiro: Alta Books, 2012.
3. "The Hunt Is on for the Renaissance Man of Computing". In *The Independent*, 17 de setembro de 1991.
4. Criado por Ginadi Filkovsky, Jacob Goldenberg e Roni Horowitz.
5. LEE, Michael. Disponível em <http://mldworldwide.com>.
6. CHRISTENSEN, Clayton et al. "Know Your Customers' 'Jobs to Be Done'". *Harvard Business Review*, setembro de 2016.

Capítulo dezessete

1. DE BONO, Edward. *Os seis chapéus do pensamento*. Rio de Janeiro: Sextante, 2008.

Capítulo dezoito

1. EISENHARDT, K. "Agency Theory: An Assessment and Review". *Academy of Management Review*, v. 14, n. 1, 1989, pp. 57-74.
2. GUPTA, Mahendra R., DAVILA, Antonio; PALMER, Richard J. Disponível em <https://olin.wustl.edu/EN-US/Faculty-Research/research/Pages/performance-effects-organizational-architecture.aspx>.
3. KAPLAN, Robert S; NORTON, D. P. *A estratégia em ação*. Rio de Janeiro: Campus, 1999.

Capítulo dezenove

1. Modelo criado por Pankaj Ghemawat. Disponível em <http://www.ghemawat.com/>.

Agradecimentos

Gostaria de fazer um agradecimento especial à minha incrível, paciente, forte e linda esposa, Jackie. Ela sempre me encorajou e nunca reclamou ao longo de todo o meu MBA (e enquanto eu estava fazendo este livro), e ainda cuidou de nossos cinco filhos.

Também quero agradecer aos incríveis colegas de classe com quem aprendi tanto e que serão amigos para toda a vida.

Um enorme obrigado a todos os professores de alto nível que fizeram do meu MBA uma experiência tão desafiadora e gratificante: Curtis LeBaron e Michael Thompson (Liderança), Jim Stice (Relatórios Financeiros Corporativos), Nile Hatch (Gestão Empresarial, Criatividade e Inovação), Monte Swain (Contabilidade Gerencial), Colby Wright (Finanças Empreendedoras), Glenn Christensen e Michael Swenson (Marketing), Daniel Snow e Cindy Wallin (Gestão de Operações), John Bingham e Peter Madsen (Gerenciamento Estratégico de RH), Bruce Money (Negociações Comerciais, Gestão Global), Mark Hansen (Estratégia, Pensamento Estratégico), Brad Agle (Ética Empresarial), Jim Brau (Finanças Empreendedoras), Bill Tayler e Doug Prawitt (Julgamento e Tomada de Decisão), Paul Godfrey (O Papel do Gerente), Gary Rhoads e David Whitlark (Fundamentos do Marketing para Startups) e, finalmente, Steve Smith e Bill Tayler (Desempenho e Incentivos).

Quero agradecer à minha mãe, Faith, que sempre me ensinou a apresentar meu melhor trabalho – ainda que fosse um projeto pequeno –, a meu fantástico irmão, Matt, pelo feedback e apoio, a meu agente, David Fugate, e à incrível equipe da editora Houghton Mifflin Harcourt.

Sobre o autor

Jason Barron é um líder criativo que se especializou em estratégias para produtos digitais e em experiência do usuário. É sócio-fundador da startup LowestMed, adquirida pela RetailMeNot em 2018, e atualmente trabalha para uma grande organização sem fins lucrativos em produtos digitais que atendem a milhões de usuários em todo o mundo.

Os avós de Jason, Donald e Dorothy Colley, foram alunos de Harvard e incutiram nele desde cedo a importância da educação. Ele concluiu seu bacharelado na Southern Virginia University em 2007 e o MBA na Brigham Young University em 2017.

Jason tem uma capacidade única de simplificar coisas complexas e infundir criatividade em estratégias de negócios. No site de financiamento coletivo Kickstarter, sua página para angariar fundos para a versão original deste livro conseguiu, em 28 dias, mais de 1.000% do objetivo inicial, com doações vindas de mais de 30 países.

Jason mora atualmente em Salt Lake City, Utah, com a esposa e os cinco filhos. Saiba mais sobre ele em: jasonbarron.com.

Para saber mais sobre os títulos e autores da Editora Sextante,
visite o nosso site e siga as nossas redes sociais.
Além de informações sobre os próximos lançamentos,
você terá acesso a conteúdos exclusivos
e poderá participar de promoções e sorteios.

sextante.com.br